Où est ton Dieu ?

Jean-Michel VERSTRAETE

Où est ton Dieu ?

Prêtre ouvrier
sur les grands chantiers
de travaux publics

ÉDITIONS PEUPLE LIBRE
2 rue Émile Augier
F- 26000-Valence

Maquette intérieure : Ateliers des Dominicaines - Évry
Couverture : Vincent Fargue

Éditions Peuple Libre
2 rue Émile Augier F-26000 Valence
e-mail : editions@peuplelibre.fr

ISBN : 978-2-907655-70-5
dépôt légal : avril 2011

Préface

Monseigneur André LACRAMPE,
évêque de Besançon,
ancien prélat de la Mission de France

Lorsque Jean-Michel m'a sollicité pour écrire la préface de son livre *Où est ton Dieu ?*, en un instant, j'ai revu les divers contacts établis avec lui sur les différents chantiers où je suis allé à sa rencontre, alors que j'étais évêque prélat de la Mission de France, de 1988 à 1995.

Spontanément, j'ai accepté d'écrire quelques lignes à la réception de son ouvrage. Il retrace un itinéraire, une vie, une expérience de prêtre ouvrier, une expérience spirituelle dans ce vaste monde des bâtiments et travaux publics. Nous le suivons depuis l'appel à être prêtre, entrant dans la Mission de France, jusqu'au temps de retraite professionnelle qu'il vit en équipe à Guilherand-Granges dans l'Ardèche et toujours dans l'équipe d'aînés des Bâtiments et Travaux Publics retraités avec des membres de la Mission de France et du Prado.

Beaucoup d'ouvrages ont paru sur l'histoire des prêtres-ouvriers avant et après le concile Vatican II. Je n'ai pas ici à développer les points de cette histoire, d'autres l'ont fait ou peuvent le faire mieux que moi. J'ai souvenir, lors d'une de mes visites à Rome, dans ma charge de prélat de la Mission de France, d'avoir échangé avec le pape Jean-Paul II sur la présence de prêtres dans diverses activités professionnelles et divers pays. Qu'est-ce qui me revient en mémoire de cet échange ? L'intérêt que Jean-Paul II avait porté, comme jeune prêtre, à l'expérience de la Mission de Paris, de la Mission Saint-Pierre et Saint-Paul du père Loew, de la Mission de France, qui avait écrit un article à ce sujet. Je l'avais remis à Jean-

Paul II et nous avions parlé de la vie de prière, de la vie spirituelle, de la vie en équipe de ces prêtres et du soutien pastoral qu'il convenait de leur apporter, comme évêque, et qu'ont assuré évidemment mes successeurs, le père Georges Gilson et aujourd'hui, le père Yves Patenôtre.

Durant cette période de responsabilité, je suis donc allé à la rencontre de Jean-Michel qui travaillait au chantier du tunnel sous la Manche. L'évêque d'alors de ce diocèse, le père Henri Derouet, était heureux de sa présence sur ce grand chantier et de son souci d'être en lien très étroit avec la Mission Ouvrière.

J'ai pu rendre à nouveau visite à Jean-Michel dans la région de Tulle, sur un chantier de construction d'un axe routier. Je l'ai vu au milieu de ses copains de travail, dans sa caravane.

Qu'est-ce que je retiens aujourd'hui encore de ces échanges ? Un ministère de proximité au cœur d'une activité professionnelle, un partage de la vie de ses compagnons de travail, de leur labeur et de leurs joies, un témoignage de vie évangélique, vivant du Verbe qui s'est fait chair, allant à sa rencontre dans la Parole et l'Eucharistie.

J'ai souvenir aussi de la fidélité de Jean-Michel aux rendez-vous des rassemblements de la Mission de France, lieux et temps de rencontres et de partages des divers ministères, lieux aussi d'envoi dans les « Galilées » du monde d'aujourd'hui.

Le récit qui nous est ici offert retrace cet itinéraire, sans oublier la place originale de l'équipe BTP Prado Mission de France. Se retrouver dans cette équipe des prêtres envoyés par l'évêque pour vivre une forme de nomadisme, de précarité, en France et à l'étranger, dans un milieu où l'Église était peu présente, telle était leur feuille de route. La vie d'équipe était essentielle avec le partage de vie, de réflexion et de prière qui était leur ciment.

Il n'était pas question d'être des francs-tireurs, mais d'être toujours en lien avec les Églises locales, avec leurs évêques, avec les Missions ouvrières locales, dans les différents lieux traversés.

Aujourd'hui, nous nous interrogeons sur des temps nouveaux pour l'évangélisation. Mais cela ne date pas d'aujourd'hui ! Comment ne pas penser à bien des figures et des institutions, le père Godin, la Mission de France, les Fils de la Charité, Madeleine Delbrel, le cardinal Suhard dont la phrase fameuse retentit encore à notre oreille : *« Il y a un mur qui sépare l'Église de la masse ; ce mur, il faut l'abattre à tout prix, pour rendre au Christ les foules qui l'ont perdu ».*

Un réel dialogue doit continuer de s'engager avec les hommes et les femmes pour qui Dieu est inconnu.

Où est ton Dieu ?

À la suite du Peuple de la Bible, nous sommes en marche avec effort et pause, silence et partage, interrogations et inquiétudes, peurs et espoirs, joies et douleurs.

« On t'a fait savoir, ô homme, ce que Dieu attend de toi. Rien d'autre que de marcher humblement avec ton Dieu, pratiquer la justice et aimer avec tendresse » (Michée, 6-8).

Nous sommes des pèlerins en marche. Mais nous ne sommes pas seuls. Comme pour les disciples sur la route de Jérusalem à Emmaüs, le Christ nous rejoint, ouvrant notre cœur au projet d'amour du Père, accompagnant notre humanité qui n'a jamais fini de cheminer tout au long de son périple terrestre.

Les quelques pages qui suivent sont le fruit d'une expérience, chaque lecteur en tirera son miel.

J'ai la conviction que nous sommes dans le monde, envoyés par le Christ et forts de sa prière, pour être témoins de l'amour de Dieu, porteurs de la joie qui l'habite, la joie du Seigneur ressuscité.

+ André LACRAMPE
Archevêque de Besançon

Avant-propos

par un compagnon de chantier

Jean-Michel m'a touché en me demandant d'écrire la préface de ce livre ; mais panique tout de même pour l'ouvrier que je suis ! Je ne me sentais pas à la hauteur du challenge. Comme bon nombre d'ouvriers en travaux publics, mes études furent brèves et subies, l'esprit préoccupé par l'heure de la prochaine récréation. Après de nombreuses années, conduire un engin est devenu une habitude, mais écrire quelques mots sur une page blanche est une épreuve. Pour Jean-Michel, au contraire, l'effort physique et mental se sont toujours complétés. Il m'a souvent étonné ! Sans jamais dévier de sa route il est resté fidèle à son seul Patron, celui qui est tout en haut de l'échelle. Il aurait pu choisir une activité plus « pastorale » que celle de « citernier ». Berger, par exemple ! Sur le plateau du Larzac… Ce métier aurait mieux correspondu à sa vocation : rassembler les brebis égarées !

Eh bien non ! Jean-Michel a choisi d'être conducteur d'engins, se déplaçant du Nord au Sud de la France, itinérant au gré des chantiers, à l'image de nos prédécesseurs : arpenteurs, colporteurs et compagnons bâtisseurs. Comme nous, il « créchait » dans une caravane (dénommée « niche » dans notre jargon), abritant son repos et sûrement ses prières, un lieu plein de vie où il aimait accueillir les copains pour des discussions informelles et même désaltérantes à la fin de nos journées lourdes de poussières. Voilà le refuge choisi plutôt qu'un presbytère dans une paroisse de campagne, mais je m'égare !

J'ai rencontré Jean-Michel sur un chantier en pays de cocagne. J'avais encore en mémoire le sombre souvenir de ces curés en soutane, mais je fus interpellé par ce prêtre ouvrier, adapté à son époque. De fait, ma curiosité l'a emporté… Et tant mieux ! Les moments passés en sa compagnie font partie des meilleurs de ma vie professionnelle. Son amabilité et son engagement syndicaliste suscitèrent quelques sursauts des collègues et en même temps la méfiance de nos « supérieurs ». Mais un don certain lui permettait de ménager la chèvre et le chou.

Le pot de terre n'est pas brisé. Il prodigue toujours de judicieux conseils, une façon bien personnelle de ne point couper le cordon d'une vie active, très active ! Nous sommes un bon nombre à l'avoir apprécié alors que certains craignaient sa liberté de pensée. Rassurons les consciences inquiètes, il est dans « les secrets de Dieu ». Il n'est sûrement pas le « loup dans la bergerie ».

Par son récit, il nous représente dans cette profession souvent mal reconnue et peu estimée. Comme moi, j'espère que vous refermerez ce livre passionnant avec une question : « Le tome 2, Jean-Michel, est-il prêt ? »

Olivier VEYSSET,

Prologue

Prêtre ouvrier ! Quarante ans de vie salariale ! D'abord sur les routes comme chauffeur routier, puis sur les grands chantiers comme conducteur d'engins. Je voudrais saisir l'occasion qui m'est donnée de faire mémoire pour tous ceux que j'ai croisés ; pour ceux avec qui j'ai travaillé, transpiré, discuté, milité ; pour ceux qui ont bien voulu m'accueillir sur leur terrain, en caravane sur les grands chantiers ; pour ceux encore qui m'ont formé et avec qui j'ai réfléchi ma foi ; dans le Nord, en région parisienne, en Vendée, dans le Sud-Ouest, le Sud-Est, au Centre et à l'Est. Tous ces amis dont j'ai parfois oublié les noms, mais dont les visages restent gravés parce qu'ils étaient là au bon moment ; ils m'ont engendré, modelé, construit, pétri.

Maintenant, au seuil de la retraite professionnelle, une page importante se ferme, mais pour la clore sans regret, il faut peut-être l'écrire. Mémoire d'un itinéraire, d'une itinérance ? Peut-on faire le deuil de ce passé encore bruyant des moteurs d'engins, du rire et de la colère des copains de travail, des paysages aux quatre coins de la France ? Pourtant, il faut bien maintenant poser mes valises et accueillir une nouvelle vie de sédentaire en retraite salariale encore pleine de projets ; accepter aussi de vieillir et de décliner. Une tout autre perspective pour le débarquement final !

À travers récits et anecdotes, à la lumière aussi de la lecture de la Bible, une histoire s'est tissée : ai-je réussi à trouver ce que je cherchais ? Ai-je découvert Celui que je cherchais ? Qu'est devenu finalement le Dieu de ma jeunesse à qui j'ai donné ma vie ?

Voilà donc un voyage dans le temps, avec pour seul véhicule : l'écriture ; outil que je maîtrise moins bien que les engins ou les camions. Mais chaque nouvelle aventure comporte ses contingences, ses règles et ses risques.

Alors pourquoi pas ?

Premières années

1

Genèse d'une vocation.

Une histoire commence toujours par un début, un appel ou une vocation… Si je ne me rappelle plus bien de l'origine de cet appel, une chose est sûre, je suis certain de ne pas avoir entendu de « voix célestes ». Ma petite tête de gamin du Nord était plutôt encombrée de questions à résoudre. Je me souviens qu'à dix ans, j'étais impressionné par les récits d'histoire que l'on racontait à l'école des Frères de Douai. J'aimais beaucoup l'histoire de *Raboliot*; j'appréciais aussi les histoires de saints, héros de notre époque, surtout celle de l'évêque saint Martin de Tours, ancien légionnaire romain qui partagea son manteau avec un pauvre.

L'environnement familial et social fut aussi déterminant. En 1951, mes parents décidèrent de vendre notre maison familiale et de quitter la campagne flamande ; là-bas, il n'y avait plus de travail pour nourrir la famille. On déménagea des Flandres pour aller résider dans la ville de Douai, dans le Nord. C'est là que je découvris le *ch'ti* et les histoires de *Cafougnette*, que j'appris à chanter *Le p'tit Quinquin, Le p'tit Pouchain el gros Rogin.* On logeait dans des bâtiments paroissiaux où vivaient aussi le vicaire et le sacristain. Dans cet immeuble paroissial, il y avait des salles de réunion, un « billon [1] » et derrière, la cour du patronage et une salle de théâtre ! Mon père était l'organiste et entretenait les salles moyennant la gratuité du logement ; ce qui était un avantage, même si ce n'était

1. Billon : jeux de quilles à lancer au plus près d'un poteau situé à une quinzaine de mètres.

pas un palace. On y était à l'étroit. Il y pleuvait souvent à l'intérieur, alors le sol se couvrait de casseroles, pour récupérer l'eau, et de « wassingues[2] » pour amortir le bruit des gouttes.

Dans notre rue étroite et pavée, souvent sans soleil, la nature reprenait ses droits l'été ; on voyait alors l'herbe pousser entre les pavés, annonçant les vacances. J'entends encore le brasseur livrant la bière sur un chariot tiré par un cheval qui castagnait le pavé avec ses fers. Ainsi que le marchand de charbon. Pendant leur livraison, le cheval laissait parfois « un cadeau fumant » que ma mère s'empressait de ramasser pour étendre dans « son jardin » de $5m^2$, toujours fleuri. Je n'avais pas l'impression de vivre pauvrement, mais simplement comme tout le monde, du moins comme ceux de ma rue ! Par contre, on manquait d'air et d'espace : je ressentais l'envie d'autre chose et d'aller voir ailleurs !

Heureusement, il y avait les jeudis. J'allais au patronage, et le vicaire nous emmenait jouer ailleurs ! On confectionnait des maquettes de planeurs, de 50 à 150 cm d'envergure, que l'on faisait voler au lieu-dit « La Brayelle ».

Pendant les vacances, après avoir passé un mois à la mer, près de la frontière belge, j'allais donner un coup de main à la ferme de mon oncle, dans l'Ostrevent. Je parcourais 20 km à vélo avec en prime la fameuse côte de Lewarde à grimper ; ce n'est pas le mont Ventoux, mais pour « le plat pays » qui était le mien, c'était une référence ! À la fin de l'été, mon oncle me donnait un peu d'argent de poche, pour rémunérer mon travail. Dans la ferme, j'appris à conduire le tracteur, à labourer, à faire les moissons, à rentrer la paille... Et aussi à faire « l'andouille » avec mes cousins, sur les chemins de terre qui menaient aux champs, au volant d'une vieille « traction avant » !

J'appréciais aussi les colonies de vacances, organisées par les vicaires, et plus tard les camps d'été. C'était des moments de

2. Serpillière.

respiration. M'est venue alors l'idée que, décidément, la vie extraordinaire des saints et des prêtres pouvait être intéressante et me faire sortir de l'univers confiné dans lequel j'avais l'impression de vivre. Je rêvais parfois d'être paysan comme mon cousin, pour courir les champs et la plaine. J'avais soif de liberté !

Au catéchisme, on m'avait appris qu'un Dieu Tout-Puissant existait ; il avait tout créé, à partir de rien : le cosmos, la nature, les plantes et les animaux. Impressionnant ! Mais en contrepartie, l'homme devait être obéissant, car de l'autre côté des nuages, Dieu ou le Diable l'attendait. Les méchants allaient en enfer, les tièdes au purgatoire et les meilleurs au ciel… Pour l'enfant pas toujours obéissant que j'étais, cela me faisait craindre le pire ! C'est dans cet univers que ma vocation se précisa. J'étais persuadé que les prêtres avaient une place privilégiée auprès de Dieu puisqu'ils enseignaient la Vérité. J'étais aussi impressionné par les évêques lorsqu'ils se déplaçaient en procession dans les églises. À cette époque, on les regardait de loin, on n'osait pas s'approcher. Bien sûr, tout ce beau monde alimentait mon imaginaire !

Ce monde des adultes, si bien ordonné, me questionnait. Si tout ce qu'on me disait était vrai, cela devait valoir le coup de vivre une telle aventure à la mesure des saints et héros de l'époque. Je rêvais donc d'aventures et ne doutais de rien.

Vers douze ans, en 1958, je m'étais décidé : je serai prêtre. Tout heureux, j'annonçais la nouvelle aux parents. Le moins que l'on puisse dire c'est que l'accueil ne fut pas celui que j'escomptais : assez interrogatifs, mes parents en parlèrent d'abord à « notre » abbé, puis au doyen de la paroisse, puis aux frères des Écoles Chrétiennes, et chacun de s'interroger sur le bien fondé de ma vocation. Au dire de mon père, je n'étais pas un garçon « facile » ; il avait sans doute raison ! Je ne correspondais pas trop aux critères de l'époque. Élève intelligent, disait-on, mais pas très bon à l'école ; enfant de chœur certes, mais pas passionné par la messe ! L'instituteur de ma classe me voyait plutôt « planteur de betteraves » que curé.

Bref ! Mes parents me firent savoir que l'on verrait cela plus tard. Un peu vexé, je leur promis d'être « un peu plus sage ». Et un an plus tard, miracle ?, je rentrai au petit séminaire à Solesmes, dans le Nord, en septembre 1959.

1959-1968

2

Du rêve à la réalité

Petit séminaire à Solesmes (Nord)

1959, année du centenaire de la mort du curé d'Ars. J'avais entendu parler du « saint curé » au cours de ma retraite de communion solennelle. Je me sentais en communion avec lui sur un seul point : la ténacité de sa vocation, malgré la difficulté intellectuelle de suivre l'enseignement et d'apprendre le latin. Quant au reste... il me paraissait complètement inimitable. Sa vie ascétique me laissait perplexe. Je ne me voyais pas manger des pommes de terre bouillies, moi qui aimais les frites, ni passer de longues heures au confessionnal, moi qui appréhendais de devoir me confesser. Sans parler du diable qui venait l'ennuyer la nuit, alors que j'avais peur du noir et de tout ce qui bougeait la nuit...

Malgré ces divergences, on était bien une centaine à entrer au « petit séminaire », grâce au saint curé. Au début, tout était beau : un grand terrain de foot et un grand parc avec des fleurs et des arbres où l'on pouvait se promener comme dans le Paradis Terrestre, mais toujours sous surveillance ! Et puis, une fois par semaine, il y avait les douches ! C'était la première fois que je me lavais sous une douche dans un nuage de vapeur. Pourtant, au fil du temps, je mesurais peu à peu le prix à payer pour réaliser ce rêve : être prêtre ! Et bien vite, je ne savais plus trop ce que je voulais. Saint Martin restait pour moi un modèle, mais il était mort et était d'une autre époque. J'avais toujours à l'esprit ces prêtres qui animaient le patronage dans ma paroisse. Mais l'ambiance du petit séminaire, avec l'encadrement rigide et austère, ne correspondait pas bien à mes désirs de gamin. Tout était réglementé du matin au coucher, de 6 h à 21 h ; toutes les activités étaient surveillées. En plus, il fallait subir l'internat... Mes parents venaient me voir tous les quinze jours, le dimanche après-midi.

Dieu m'appelait certes, mais cela commençait à devenir difficile !

Je prenais conscience, dans cet univers d'excellence, que nous n'étions pas nés tous égaux. En effet, chaque samedi après-midi nous étions convoqués dans la grande salle d'étude pour entendre le nom des gagnants inscrits au tableau d'honneur, ceux qui avaient les meilleures notes ou dont le comportement était exemplaire. Et puis arrivaient les noms de ceux qui étaient à la limite du « carton rouge ». Ainsi, nous savions où nous situer dans la hiérarchie officielle des bons et des mauvais. Face à cette mise en scène répétitive du jugement dernier, je sentais déjà comme une odeur de roussi !

Je voyais bien que certains de mes petits copains étaient appelés à occuper les meilleures places. L'équation était simple : s'ils avaient les meilleures notes, c'était qu'ils existaient pleinement aux yeux des directeurs du séminaire. Et donc de Dieu ! L'avenir m'apparaissait soudain moins sûr... Je commençais à ressentir une certaine injustice dans ces classements qui me paraissaient arbitraires.

Ce milieu clos ne me donnait pas envie de vivre enfermé à l'intérieur des églises. Mais, curieusement, ces difficultés n'entachaient en rien mon projet de devenir prêtre. Face à ces contradictions, un dialogue intérieur s'instaura en moi, avec la conviction que Dieu ne me lâcherait pas. Quand je me décourageais, j'entendais une petite voix intérieure : « Mais si, essaie, tu verras ! »

L'expérience du redoublement

Je redoublai ma sixième, et devins alors la risée de mes petits camarades. Voulant réagir d'une manière efficace et rapide, mais sans doute pas très catholique, contre les mauvaises notes, je fus pris en flagrant délit de tricherie. J'en ai encore honte ! Tricher au séminaire ! J'aurais pu être renvoyé mais non, curieusement, je bénéficiais toujours d'un sursis.

Alors qu'au fil des années le nombre des séminaristes fondait à vue d'œil, têtu, je me disais : « je résisterai ! »

À seize ans je rentrai dans la cour des grands, en quatrième. Cela aurait dû aller mieux, mais bien vite tous les indices repartaient à la baisse. J'étais comme un crapaud dans une bande de canards : je savais nager mais pas de la même façon. Je voulais être prêtre mais pas à leur manière. En attendant il me fallait faire attention aux coups de bec ! Le prix à payer pour réaliser mon rêve devenait de plus en plus élevé. Comme dans un cauchemar, je ne trouvais pas le chemin. Pourtant, quelque chose, ou quelqu'un, continuait à me pousser, et j'espérais toujours naïvement que cela irait mieux plus tard. Devant redoubler ma quatrième, les autorités décidèrent de m'envoyer dans un séminaire d'aînés.

1963. Au séminaire d'aînés à Maretz

Ce temps-là, fut une période de paix, où je pouvais prendre ma place, exister. J'étais avec des gens de mon âge ; la pédagogie scolaire était mieux adaptée et mes notes s'en ressentaient ; on faisait du sport et je pouvais me défouler. Tous les jeudis, en rase campagne, avec une petite équipe, je courais un 5 000 mètres cross, on faisait du foot, du basket et du volley ; je faisais même partie d'une équipe de rugby (dans le Nord, ce n'était pas très courant !)

Mais le règlement de la Maison restait strict : le jour de la mort de ma marraine, je n'eus pas l'autorisation de sortir pour aller à son enterrement, ni même le jour de la communion solennelle de ma plus jeune sœur ! Heureusement, il y avait des périodes un peu plus folkloriques. Pour consolider le budget du séminaire, on jouait un spectacle *La Passion du Christ*, pendant la semaine sainte, qui attirait beaucoup de monde. La fin de l'année scolaire se terminait par une grande kermesse ouverte à tout le village et ses environs. On allait chercher des lots dans les commerces ou les fermes environnantes, avec un vieux tube Citroën. Ces moments très forts restaient inoubliables !

J'étais surtout enfin reconnu : il n'y avait plus ni bons ni mauvais. Suprême reconnaissance, j'étais responsable de la décoration des murs intérieurs des bâtiments. Le jeudi, pendant les activités manuelles, sur des grandes feuilles de papiers couleurs, je dessinais et découpais avec quelques copains des fresques aux thèmes assez libres ; ce qui mettait un peu d'ambiance dans certaines salles ou couloirs du séminaire.

Je pouvais faire le point en toute sérénité sur « ma vocation » avec « un directeur de conscience », mon prof de philo, qui me fit comprendre que la liberté c'était d'avoir un projet et surtout de pouvoir le réaliser en assumant les contraintes. Quelqu'un m'avait compris, Je me sentais moins seul pour continuer ce voyage.

1967. Au grand séminaire à Cambrai

À 21 ans, j'entrai au grand séminaire de Cambrai. Mon « entêtement » commençait à payer. Avec mes années de formation, je commençais à acquérir des repères pour reformuler les vraies questions et trouver quelques bribes de réponses. L'exégèse me donnait quelques clés pour mieux comprendre le langage de la Bible.

Durant ces années, je pris conscience de l'importance de l'histoire d'un peuple. Les hommes découvraient Dieu qui se révélait à eux à travers leur histoire. La Bible, c'est l'histoire de peuples qui font Alliance avec un Dieu qui devient peu à peu unique et qui unifie leur histoire. Cette Alliance me paraissait, par extension, être aussi le reflet de ma vie.

Enfant, je trouvais que ce Dieu parlait souvent. En réalité, c'étaient les hommes, les prophètes, les rois qui le faisaient parler, de différentes façons selon les situations. Ce Dieu, imaginé dans mon enfance, transmis par ma famille et le catéchisme, n'était plus intemporel, dans le ciel ou le tabernacle des églises. Il prenait *forme et chair* et devenait donc plus réel et plausible, identifiable dans une histoire personnelle et aussi collective.

Durant les cours d'histoire contemporaine, je découvris la naissance et le combat de la classe ouvrière en France : des pauvres, des exploités s'étaient rebellés et organisés pour créer leur propre histoire. Paul Christophe, notre professeur d'histoire, docteur en théologie et licencié es Lettres, était un passionné d'histoire contemporaine. Il a écrit *L'Église de France dans la révolution de 1848*[3]. Il s'intéressait aux relations entre l'Église, le monde catholique et le monde ouvrier. Il en profitait pour nous faire comprendre les fondements et le sens des premiers syndicats, du compagnonnage, des premières mutualités, des associations corporatives, etc. Leur naissance dans le Nord, dans l'industrie du textile, la métallurgie, les mines ; les relations difficiles pour ne pas dire inexistantes entre cette classe ouvrière et l'Église. Selon que l'on était ouvrier ou patron, les chances n'étaient pas les mêmes. Selon une conception dominante, l'ordre était voulu par Dieu : certains étaient nés pour commander, d'autres pour exécuter ! Les plus riches donnaient aux plus pauvres et tout le monde était content.

Du moins dans les apparences ! *« Il y aura toujours parmi vous des pauvres,* écrivait le cardinal du Pont, archevêque de Bourges, en 1849, *c'est dans l'ordre providentiel… Les uns manquent tandis que les autres sont dans l'abondance ; c'est pour que tous puissent également mériter. Le malheureux qui est dénué de ressources doit se confier en la bonté d'un Dieu qui n'abandonne point sa créature ; et tandis qu'il se soumet, qu'il se résigne, il trouve dans l'empressement charitable de ses frères plus heureux que lui, tous les secours et tous les soins que réclame sa triste position …* »

---

3. *L'Église de France dans la révolution de 1848,* éditions du Cerf ; *1936… Les catholiques et le Front populaire,* éditions Desclée.

Certains remettaient en cause l'« ordre naturel » voulu par Dieu, comme par exemple en 1936 à l'époque du Front Populaire. Mais communistes et syndicalistes y étaient marqués au fer rouge. La sanction divine ne tarderait pas à venir : ceux-là auraient le droit d'être chauffés gratis en enfer et pour toujours. Pour moi, qui croyais l'Église du côté des pauvres, ce n'était pas tout à fait faux ! Pourtant, ne fallait-il pas revendiquer plus de justice, plus d'égalité ? Marx avait beau jeu dans ce contexte de faire passer sa critique de la religion comme opium du peuple ! Mais ne lui avait-on pas ouvert toute grande la porte ?

Bien que jeune séminariste, je constatais que les riches avaient brûlé quelques étapes. « Pour devenir le maître, avait dit Jésus dans les évangiles, vivez d'abord comme des serviteurs ! »

À Cambrai, je fis aussi connaissance avec le Dieu de Teilhard de Chardin[4] ; grâce à des polycopies sentant bon l'alcool des machines à ronéotyper. Plus sensible à l'aspect chaotique et aléatoire de l'Histoire je suis, aujourd'hui, moins sûr que l'humanité s'oriente sûrement vers ce projet divin, vers l'étape ultime que serait le point oméga.

Dieu a souvent subi la liberté de l'homme ! Si le Christ, par sa mort et sa résurrection a sauvé le monde, cela n'est en rien de l'ordre de l'automatisme mais une proposition, une alternative s'adressant à notre liberté d'être. Cette alternative nous remettrait humblement dans « un aléatoire du sens global » pour la construction d'un monde nouveau.

Autrement dit, avec un peu de recul, cette évocation de sens par Teilhard m'apparaissait n'être qu'une proposition chrétienne du sens de l'histoire à la liberté de chacun.

Quant à l'image du prêtre, elle commençait à se décanter dans mon esprit, grâce au concile Vatican II. Le prêtre n'était plus

4. Pierre Teilhard de Chardin, prêtre jésuite, philosophe, paléontologue, en particulier en Chine. Ses écrits furent condamnés par Rome.

considéré uniquement comme le gardien du Temple ou l'homme de la liturgie mais le serviteur des plus pauvres, celui qui partage et qui rassemble, celui qui annonce à la suite de Jésus-Christ une bonne nouvelle comme saint Paul. C'était toute l'Église qui était missionnaire mais à la manière de Pentecôte : chacun entendait et comprenait la Bonne nouvelle dans sa propre langue. Aller en mission n'était plus forcément évangéliser et annoncer un Jésus Christ romain et catholique mais d'abord apprendre la culture de l'autre, la comprendre et la respecter avant d'annoncer l'universalité du message du Christ.

Sans doute, cette ouverture du concile sur la conception du ministère presbytéral, reçue comme un « appel d'air », a été favorisée par l'expérience française des prêtres ouvriers. À cette époque, je n'avais pas encore lu le livre *France Pays de Mission,* édité en 1943 par les Pères Godin et Daniel, mais j'avais lu *Les saints vont en enfer* de Gilbert Cesbron. Ce roman était probablement un peu léger pour se faire une opinion, mais c'était la première fois que j'apprenais l'existence de ces prêtres ouvriers. Je percevais à travers leur modèle la possibilité de trouver un sens à ma vocation. Un modèle du prêtre, plus réaliste, m'était offert : il était conforme à mon imaginaire de gamin.

La petite voix intérieure qui me poussait depuis Solesmes à persévérer, même dans les épreuves et les difficultés, prenait sens. Ce projet un peu fou de devenir prêtre ouvrier m'inspirait et me motivait. Cet appel, que je ressentais au plus profond de ma conscience, a influencé ma façon d'être, de penser, de prier, de vivre les évangiles et de comprendre la théologie de l'Incarnation et de Libération.

Il est vrai que les événements du concile Vatican II et Mai 68 ont été fondateurs pour moi et pour d'autres car ils nous ont permis d'être en adéquation, d'une part avec ce que l'on croyait sur la liberté et la diversité et d'autre part, avec Vatican II, c'était l'émergence (hélas éphémère !) d'un avenir nouveau pour une église de plein vent à laquelle nous serions mêlés.

La foi n'est pas de l'ordre du mythe...

Cette aspiration d'être prêtre en dehors du modèle traditionnel, l'irruption de ces événements de l'époque avec Mai 68, l'apport culturel de mes professeurs au niveau de la Bible et de l'histoire du XIXe et début XXe siècle me révélèrent peu à peu un autre visage de Dieu. Ce Dieu devenait nouveau, pragmatique, fidèle et surprenant.

L'histoire biblique, qui décrit les relations de Dieu avec son peuple, ne pouvait-elle pas être la métaphore de l'histoire contemporaine de la classe ouvrière ? Il y avait cependant une différence : la classe ouvrière avait forgé son histoire sans dieu ou plutôt contre les dieux patronaux et des autorités religieuses dominantes. Le matérialisme athée de la classe ouvrière communiste, qui s'opposait au capitalisme à dominante chrétienne, n'était-il pas aussi moteur de l'histoire ? Mais Dieu n'avait plus sa place parmi les damnés de la terre.

C'est aussi durant ces années que s'est différencié le Dieu de l'Ancien Testament et celui de Jésus Christ. Ce dernier m'apparaissait plus proche, un peu plus humble, fragile aussi par son amour filial : Il était venu pour les pauvres, les petits, les enfants. Il apportait l'espérance chez ceux qui souffraient... en particulier chez les plus pauvres. Un Dieu étonnant et détonnant dans sa fidélité, le pardon, l'amour du prochain...

Le marxisme, à son tour, m'interrogeait sur le rôle moteur des plus pauvres (exploités) dans l'histoire, s'organisant par les luttes ouvrières, pour revendiquer plus de justice et de liberté ; contribuant ainsi à créer à leur façon une autre histoire.

Était-ce la vraie Histoire ? Difficile à dire. Je comprenais bien le rôle des révolutions, mais je craignais aussi leur violence et le danger d'être de nouveau manipulé par un pouvoir quel qu'il soit.

1969-1973

3

L'apprentissage de la vie professionnelle

Avant de partir pour le deuxième cycle de théologie à Lille, les autorités du séminaire nous proposèrent de faire un stage de travail après l'armée, histoire de jauger les vocations et de donner une expérience humaine aux futurs prêtres. Proposition acceptée.

En 1969, je fis mon service militaire à Noyon, au 19e Dragon. Expérience déterminante pour ma vocation ! J'avais 23 ans et j'étais sursitaire. Ma classe était essentiellement composée d'autres sursitaires, du même âge, et nos têtes étaient encore pleines des souvenirs de Mai 68. C'était mon premier contact avec des gars athées convaincus, indifférents, ou autrement croyants. Je découvris que les hommes pouvaient très bien se passer de Dieu, mais pas forcément des femmes ! À travers les confidences, je commençais à comprendre que la vie de couple n'était pas forcément facile. La sexualité me paraissait aussi difficile à vivre dans la fidélité du mariage que dans celle célibat. Je pensais alors que l'on pouvait s'épanouir dans les deux situations, en sachant que le célibat engagé librement pour une cause ne pouvait se vivre seul mais en complémentarité avec les familles.

J'étais dans un régiment semi-disciplinaire. Entre le régime du séminaire et celui de l'armée, il n'y avait pas de grandes différences. La discipline était la force des deux structures. Nous étions astreints à un régime très sportif : stages commandos, courses d'endurance. J'ai appris à lire une carte, à m'orienter la nuit en forêt à la boussole. Je me rappelle qu'une nuit nous avions traversé la Meuse à plat ventre sur un radeau composé d'une toile de tente remplie de paille, d'herbe et de brindilles, ficelée de manière à ne pas laisser entrer l'eau ; avec pour seule rame, une pelle-pioche. Évidemment ça me changeait de l'ambiance du grand séminaire et cela me plaisait assez bien.

En octobre, mon capitaine me demanda si je voulais devenir moniteur auto et camion école. L'aubaine ! Stage à Senlis et pendant 6-7 mois je fus affecté à l'apprentissage des jeunes recrues. Et, comme disait mon grand-père, que je n'ai d'ailleurs jamais connu : « C'était le bon vieux temps ! » Sur des circuits tout terrain en forêt, nous étions secoués, les moteurs fumaient noir ; et sur les routes, à 60 km/h, on avait l'impression de rouler à 120 !

Dans cet univers, j'avais vraiment l'impression de servir à quelque chose, de transmettre une technique, un savoir qui me plaisait. Je terminai avec le grade de maréchal des logis, titre ronflant dans la cavalerie pour désigner le brigadier de l'infanterie. À défaut d'être évêque, j'étais quand même devenu maréchal des logis dans l'armée ! Mais tout a une fin ; je fus démobilisé en août 70, non sans un certain regret !

Le travail c'est la santé… dans la liberté !

Après mon service militaire, je m'apprêtai à vivre une « expérience » de travail salarié. J'en profitai pour réaliser un autre rêve : conduire des gros camions ! Je décidai donc de faire un stage de chauffeur routier en FPA à Cantin. La chance me souriait : sortant de l'armée, j'étais prioritaire. Je voulais apprendre un métier, un vrai ! Il me semblait que cela me permettrait d'être plus libre dans mes choix au cas où… ! L'armée m'avait donné le goût de la mécanique et des camions. Le choix était simple. Pendant 6 mois, en stage FPA, je m'initiai à la mécanique diesel ; j'appris à déceler les pannes, à pouvoir les réparer. Je passai aussi le permis « transport en commun ». Tout était nouveau et passionnant !

À la fin de mon stage, je trouvai du boulot pas trop loin de Douai, dans une entreprise faisant du transport de liquide et du pulvérulent en citerne semi-remorque. Je transportais surtout du fuel lourd chauffé et maintenu à 80° dans des citernes calorifugées. C'est un métier exigeant, qui m'obligeait à me lever vers 3-4 heures du matin pour être l'un des premiers à remplir la citerne de « fuel lourd » dans les raffineries à Dunkerque, Valenciennes ou Le Havre ; ensuite on repartait pour la vider dans de grosses cuves de chaufferie d'usine ou d'immeuble qui utilisaient la vapeur comme source d'énergie. Des journées de dix heures de boulot ! À partir de cette époque, je pris conscience que les grandes vacances étaient finies.

Étant nouveau dans la boîte, je pilotais souvent de vieux camions à bout de souffle et souvent en panne. J'apprenais le système « démerde » en changeant par exemple les pneus énormes de la semi-remorque ou du tracteur par tous les temps et même la nuit !

L'expérience ne s'acquiert jamais sans quelques incidents. Un jour, dans une cour d'usine, alors que je manœuvrais en marche arrière avec la semi-remorque pour m'approcher au plus près d'un tanker à fuel, j'empalais la citerne sur un bout de ferraille qui sortait d'un mur. Sans me douter de rien, je repartis en marche avant vers le lieu de dépotage quelques dizaines de mètres plus loin.

Ce ne fut qu'en sortant de ma cabine que je constatais les dégâts. Impressionnant ! La citerne se vidait dans la cour par jets saccadés à cause du « balan » du liquide occasionné par l'arrêt du camion ; on aurait cru une artère sectionnée, sauf que le liquide était noir et puant. Évidemment, panique dans l'usine ! Heureusement que le fuel lourd, en s'échappant, refroidissait et coagulait sur le sol. Mais en rentrant au dépôt, ce fut pour moi l'humiliation et les engueulades, avec en prime la citerne crevée et immobilisée pour la semaine.

C'était le métier qui rentrait… Je commençais à comprendre que du rêve à la réalité le chemin était parfois pénible. Être responsable et compétent, cela ne s'apprend pas forcément à l'école mais sur le terrain, avec le temps et beaucoup d'humilité.

Quand tu seras curé…

Mon année de stage se terminait déjà. Quelques copains de boulot mis dans la confidence me dirent avant de partir : « Quand tu seras curé, on espère que tu ne nous oublieras pas ! » Le message restera profondément gravé dans ma mémoire.

Au grand séminaire de Lille, les autorités ne semblaient pas pressées de me revoir. Ils me conseillèrent de faire une deuxième année de travail ; mais j'en avais assez vu, c'était trop pénible et trop dense en une seule fois, j'avais besoin de souffler, et en même temps cette expérience m'avait marqué. Je ne pouvais pas rayer simplement cette expérience de travail, ni étouffer les appels entendus dans ce milieu précis. Je rentrai avec l'idée bien précise de demander à cheminer sur les traces des prêtres ouvriers.

1974-1975

4

Le rêve contrarié

Plutôt que de rentrer faire mon deuxième cycle, en septembre, les responsables du grand séminaire de Lille décidèrent de m'envoyer en insertion pastorale dans une paroisse dans la région de Valenciennes. Expérience nouvelle et concrète ! Je fis aussi connaissance avec des équipes de prêtres ouvriers basées à Denain et à Charleroi. Ces prêtres m'apprirent l'importance des paroisses et des mouvements d'Actions catholiques, lieux classiques certes mais nécessaires pour approfondir certaines exigences : ne pas aller trop vite, et aussi partager cet appel avec la mission ouvrière d'aller au travail.

Je me suis mis à l'écoute par le biais de la JOC[5], de ce que les jeunes vivaient à l'école, au travail et déjà au chômage, de ce que les adultes, souvent militants, disaient de leur travail en ACO[6] et j'écoutais les aumôniers relire la vie des travailleurs. En JOC, j'eus la chance de préparer une dizaine de jeunes pour le Congrès National à la Courneuve en 1974. Chaque fédération avait ramené des banderoles sur lesquelles on pouvait lire : « *Nous luttons pour un monde où l'homme passe avant l'argent ; des salaires pour vivre et non pour survivre ; la vie d'un jeune travailleur vaut plus que tout l'or du monde ; égalité des chances ; gratuité totale de l'enseignement.* »

Effectivement, les revendications de ces Jocistes étaient en pleine adéquation avec l'évangile sur les valeurs de justice, de dignité et de

5. JOC : Jeunesse Ouvrière Chrétienne.
6. ACO : Action Catholique Ouvrière.

respect de l'autre. La journée, les maisons étaient presque vides ; les gens travaillaient pour casser la croûte et parlaient de lutte en ACO, pour maintenir leur gagne-pain.

C'est l'Église qui envoie

L'année pastorale à plein temps se terminant, je rentrai pour finir mon deuxième cycle. Avec en tête de devenir prêtre ouvrier. Ce furent des années un peu tendues. Je fus affronté à ce dilemme du projet d'Église diocésain et celui d'être proche des pauvres par le travail.

J'en discutais souvent avec Paul et Hector, ces deux prêtres du Valenciennois. Ces derniers m'avaient toujours soutenu et s'étaient mis à y croire, eux aussi, avec l'équipe d'ACO. Ils me donnaient ainsi l'espoir d'un avenir possible : cela devenait un peu moins mon « truc » !

Entre-temps, pendant les grandes vacances, je continuais de travailler dans la même entreprise de transport ; je remplaçais les gars partis en congés. Je faisais ma révision de vie avec la Mission ouvrière du secteur de Douai. Voici ce que rapporte un des comptes rendus sur mes conditions de travail, retrouvé dans mes archives :

Quand je suis arrivé dans l'entreprise, les contacts se sont vite faits. Je conduis souvent un vieux camion, « une poubelle ! » il m'est arrivé de perdre l'arbre de transmission du tracteur, dans une gerbe d'étincelles, mais les routiers sont sympas, il y en a un qui s'est arrêté tout de suite et j'ai pu téléphoner rapidement.
Le premier jour, pour me mettre dans l'ambiance, j'ai dû faire sept tours de benzène pour remplir une péniche ; ce qui m'a impressionné, c'est tout le matériel de sécurité autour de la péniche : panneau de sécurité sur les voies environnantes, extincteurs, tuyaux d'incendie, pompiers avec téléphone portable à antenne, reliée directement à l'usine et aux différents services de sécurité environnants.

Dernièrement j'ai livré de l'acide résiduaire, mais en ouvrant le dôme au-dessus de la citerne pour permettre à celle-ci de se vider, j'ai pris de la vapeur en pleine tête, j'ai bien mis une demi-heure pour récupérer.

J'ai livré aussi du formol : pour installer les tuyaux, le gars de l'usine avait son masque à gaz : « parce qu'une vanne fuyait un peu ». Dans cette usine, il y avait une pollution incroyable : lorsque le vent rabattait les fumées, j'étais obligé de mettre un mouchoir devant la bouche pour respirer. Les gens de la ville ont déjà fait plusieurs pétitions et menacé de détruire les cheminées.

L'ambiance de travail est dure ; dernièrement il y eut une grève pour des revendications de salaires : 16 sur 60 l'ont faite. Quelque temps après, le patron accordait une prime de 50 F... pour ceux qui n'avaient pas fait grève.

L'Église n'est pas présente dans ce milieu ; pourtant, un mécano, Claude, m'a posé des questions sur la JOC et le grand rassemblement à la Courneuve « Objectif 74 » qu'il avait vu à la T.V.

Dieu peut-il se découvrir dans un milieu de travail ?

Au cours de ma formation au séminaire, j'appris à me méfier d'une théologie dogmatique venue d'en haut, pour fonder paradoxalement ma foi en l'incarnation du Fils de Dieu ! Je découvris aussi les différents modes littéraires, employés pour écrire les évangiles.

Les évangiles sont déjà des relectures des événements de l'époque de Jésus. Ils réinterprètent les événements et tentent de répondre aux questions des contemporains des apôtres en s'inspirant des paroles et des actes de Jésus.

Ainsi, l'idée que le Fils de Dieu, en s'incarnant dans l'Histoire, puisse apparaître comme un enfant né de père inconnu tel que le suggèrent Mathieu et Luc[7] fut alors pour moi, comme une révélation. J'y découvrais quelque chose de merveilleux, d'extraordinaire, encore vrai pour aujourd'hui.

7. Lc 1, 34s./Mt 1, 20.

Là était forcément l'inimaginable pour les autorités, gardiennes du Temple en place : la naissance d'un Fils de Dieu hors norme et hors la loi. Je voyais dans cette naissance divine l'avènement d'une ère nouvelle, ouverte à tous pour les hors normes, les mal-aimés, pour les pauvres en particulier. Là aussi m'apparaissait le rôle vital et social de Joseph sauvant la mère et l'enfant d'une mort ignominieuse. En lui donnant une lignée royale (David), il permit cette mise au monde social du Fils de Dieu in extremis avec Marie.

Cette mort rôdera tout au long de la vie de Jésus. Le parti pris pour les exclus, prostituées ou autres marginaux ne prenait-il pas ses racines déjà dans sa naissance ? En tout cas, Jésus a assumé ce positionnement, librement et ouvertement, jusqu'à sa mort sur une croix : abandonné de tous. Tout un programme !

Je percevais, peu à peu, que l'essentiel de la foi n'était plus dans le politiquement correct mais dans la faille, la rupture ou la crise ; il ne fallait plus confondre l'Esprit qui souffle où il veut et la lettre qui fige dans la Loi. La relecture des textes, pour en redécouvrir l'Esprit, pouvait éclairer ce que je pouvais vivre de conflictuel avec l'institution.

En octobre 1974, je terminai ma dernière année de théologie à Lille. Je maintenais pourtant ma décision de demander mon ordination au diaconat en fin d'année, espérant que les décisions des uns et des autres s'assoupliraient. Mais mon diocèse n'avait pas besoin de prêtres ouvriers. Un vrai dilemme !

Je comprenais bien, intellectuellement, qu'il fallait rentrer dans un cadre structuré, une histoire, une tradition, un peuple. Mais comment concilier le « faire fonctionner » de l'institution et l'exigence de la mission d'annoncer la Bonne Nouvelle « sans besace, sans ceinture et sans sandales de rechange » pour rendre l'Église présente au monde du XXe siècle comme le préconise le concile Vatican II ?

Mon « rêve » de vivre comme prêtre ouvrier parmi les routiers choquait. Ce désir allait à l'encontre de l'idée même d'un ministère pour tous. Pour l'institution, l'appel devait être porté par une communauté. Mais une communauté, si tentée qu'elle soit missionnaire, peut-elle envoyer des prêtres dans un milieu qu'elle ne fréquente pas ? Même question pour l'évêque, puisqu'en dernier ressort c'est lui qui ordonne et envoie.

En novembre (j'ai 28 ans), les directeurs de séminaire demandèrent aux séminaristes d'écrire avant l'ordination diaconale de juin où nous en étions de notre projet de ministère sacerdotal. Je viens de relire cette feuille dans laquelle j'exprimais les raisons de mon désir d'être prêtre ouvrier.

J'ai découvert un peuple précis, celui des routiers, d'un peuple non engagé syndicalement, très lié avec le patronat ; car là plus que partout ailleurs, le rendement est payant, même si on risque sa vie et celle des autres ; c'est un peuple esclave du rendement et de la route.
Ce peuple n'a de relation avec l'Église et les curés que par l'intermédiaire des femmes et des enfants (messe et catéchisme) ; de là à penser que la religion est avant tout une affaire de femmes et d'enfants, il n'y a qu'un pas, allègrement franchi. Ce peuple n'exprime pas Dieu.

J'ai découvert une Église curieuse. C'est l'Église, dans sa diversité, qui s'adresse à tout le monde. Un homme ne peut prétendre représenter toute l'Église et en être la synthèse. De ce fait, je pense que prétendre s'adresser à tout le monde, indistinctement des races et des cultures, sous prétexte d'annoncer la bonne nouvelle est une aberration.
Dans la 7e résolution de la 10e rencontre nationale d'ACO, intitulée : Partage avec tous les témoins de Jésus-Christ en classe ouvrière, il est dit : « Les délégués de la 10e rencontre nationale considèrent que l'ACO à elle seule ne peut prétendre accueillir et exprimer la présence de Jésus Christ dans la totalité de la vie et de l'action ouvrière… Ils s'engagent dans ce but à continuer dans l'ACO la recherche d'un partage avec les prêtres et des religieuses qui ont choisi de vivre leur vocation sacerdotale ou religieuse en classe ouvrière, au travail ou dans les quartiers et qui la réfléchissent dans leurs propres équipes ou communautés.

Il fallait être un peu fou pour écrire cela juste avant les ordinations. Quel est le patron qui aurait engagé un cadre, pourvu d'un tel C. V. et critiquant déjà son entreprise ! Et pourtant… l'histoire allait soudain s'accélérer pour moi.

En mars 1975, j'étais convoqué par Mgr Jenny, archevêque de Cambrai, dont je dépendais. Après m'avoir écouté, il me dit cette phrase qu'il m'a semblé entendre : « *À votre place, j'aurais demandé sans doute la même chose* (prêtre au travail) ». Je crus avoir compris que lorsqu'il était séminariste, à la sortie de la guerre, il aurait voulu être chauffeur de taxi. Je pensais donc avoir été entendu d'une manière favorable. Et pourtant, la réaction ne se fit pas attendre. Un mois plus tard, une lettre de l'archevêché me signifiait l'impossibilité de m'ordonner au travail :

> *Si vous maintenez votre décision d'entrer au travail salarié en octobre 75, vous choisirez alors pour le moment la situation de laïc…*
>
> *(La suite insistait même sur le fait d'assurer moi-même logement et nourriture.)*

Effondré, bien que prévenu, je fis part au supérieur du séminaire et à quelques professeurs de l'injustice de cette décision et du choix impossible pour moi de rentrer dans l'ordre. Quelqu'un m'avait-il mené en bateau ? Moi-même ? L'institution ? Ou bien Dieu ?

Ce Dieu que j'avais découvert, qui avait fait alliance avec son peuple, ne voulait-il pas faire alliance avec moi à travers son Église ? Pourtant j'étais persuadé au fond de moi-même que je n'avais pas tout à fait tort !

Je ne pouvais pas non plus m'engager dans un avenir qui ne me plaisait pas, ni passer ma vie à regretter ce passé fait d'espoir, de préparation et aussi de cheminement avec « l'Autre » ! Il fallait que je sache si cette vocation ou ce rêve était trop personnels. Où se trouvait la vérité ? Une lecture biblique dans le livre de la Genèse me revint en mémoire (Gn 32, 23 et s.) : la lutte de Jacob contre quelqu'un. Un homme ? Un ange ? Dieu ? Allez donc savoir ! Voilà brièvement l'histoire :

Jacob, se trouvant dans une situation critique, part rencontrer Esaü, son frère aîné, dont il avait volé auparavant son droit d'aînesse[8] pour un plat de lentilles et obtient la bénédiction de son père Isaac[9] par subterfuge. Il décide de négocier malgré tout avec lui une alliance[10].

> *Cette nuit même, il se leva, prit ses deux femmes, ses deux servantes, ses onze enfants (rien que ça !) et passa le gué du Yabboq. Il les prit et leur fit passer le torrent, et il fit passer aussi tout ce qu'il possédait.*
> *Et Jacob resta seul.*
> *Et quelqu'un lutta avec lui jusqu'au lever de l'aurore. Voyant qu'il ne le maîtrisait pas, il frappa Jacob à l'emboîture de la hanche, et la hanche de Jacob se démit pendant qu'il luttait avec lui. L'homme lui dit : « Lâche-moi, car l'aurore s'est levée ». Mais Jacob répondit : « Je ne te lâcherai pas que tu ne m'aies béni ». Il lui demanda : « Quel est ton nom ? » - « Jacob », répondit-il. Il reprit : « On ne t'appellera plus Jacob mais Israël car tu as été fort contre Dieu et contre les hommes et tu l'as emporté ». Jacob fit encore cette demande : « Révèle-moi ton nom, je te prie », mais il répondit : « Pourquoi me demandes-tu mon nom ? » Et, là même, il le bénit… Au lever du soleil, Jacob avait passé l'endroit et il boitait de la hanche.*

Ne devais-je pas me battre aussi comme Jacob pour conquérir cette reconnaissance ? Mais le combat était inégal. Lutter contre un adversaire mal identifié me faisait peur. Déjà, ce combat me blessait et « l'emboîture » de la rancune n'était pas si loin.

Je décidai de discuter (ou de négocier ?) avec mes directeurs de séminaires et avec mes collègues séminaristes. Puis, en avril, le supérieur me convoqua et me signala l'existence de la Mission de

8. Genèse, 25, 29.
9. Genèse, 27, 1 s.
10. Genèse, 32, 23 s.

France qui organisait en juillet, à Solignac, une session sur le thème *Ministère et travail.*

1975-1976

5

Découverte de la Mission de France

Faisant suite à ma lettre de motivation, Jean-Pierre Marchand, alors responsable du cheminement au ministère pour la Mission de France, me répondit le 5 Mai 75.

Merci de ta lettre.

La session du 5 et 6 juillet est bien faite pour mettre en commun les questions que tu poses. La cohérence entre le ministère sacerdotal et la profession n'est pas un objet polémique mais une dimension actuelle de la Mission de France. Les 2 ou 3 feuilles que je te joins te prouvent que tu n'es pas seul à poser cette question.

Donc nous comptons sur toi pour être à Solignac en juillet…

Le projet d'Église de la Mission de France dépasse la question de la profession : si, au cours du 3e trimestre, tu le souhaites, nous pourrions nous rencontrer à Fontenay ou à Paris. Écris en fixant les dates car il est plus simple de s'expliquer par oral que par lettre. À très bientôt, je le souhaite, la suite de notre dialogue.

Fin juin, je décidai d'avertir mon diocèse par le truchement du père Marcel Leclerc, vicaire épiscopal de la région de Douai. Je peux recopier sa lettre du 16 août 75. Sans polémiquer et dans des termes acceptables, elle disait bien la position du diocèse :

Cher Jean-Michel

Comme je vous l'avais proposé, j'ai reposé la question de votre situation au conseil qui nous a réunis ce matin. L'avis du conseil demeure le même, peut-être simplement un peu plus nuancé dans la formulation : le diocèse ne possède pas actuellement l'équipement pastoral nécessaire au soutien de votre projet. La Mission de France, elle, le possède. Le

conseil envisagerait favorablement que vous vous adressiez à la Mission de France en octobre, mais il envisagerait aussi favorablement – si cela était dans vos projets – que, après quelques années de « formation », vous offriez au service du diocèse votre apostolat spécialisé...
Veuillez croire, cher Jean-Michel, à mon bien fidèle souvenir.

J'en parlai aussi à mon ancienne équipe d'insertion pastorale, Paul et Hector ainsi qu'André Delsaut le responsable. Ils décidèrent d'écrire à l'évêque en septembre 1975. En voici quelques extraits :

Ils (les prêtres) regrettent et sont peinés que l'Église diocésaine de Cambrai n'ait pu accueillir et reconnaître cette vocation sacerdotale qui s'était confirmée dans le milieu ouvrier, que Jean-Michel avait découvert à travers un cheminement que lui-même n'avait pas choisi au départ. Ils savent le sérieux avec lequel Jean-Michel a partagé en Église sa vocation, l'a priée et réfléchie.
Ils regrettent que l'Église de Cambrai puisse accepter une telle contradiction entre ses paroles (voire homélie prononcée à Auby lors d'une ordination sacerdotale) et ses actes, ses affirmations d'une présence prioritaire en Monde ouvrier et son refus d'en peser jusqu'au bout les signes. Ils pensent que c'est là une attitude dont les conséquences pèseront gravement et longtemps sur l'avenir de l'Église.

Ils joignirent à ces mots la réaction des membres de l'ACO qui allait évidemment dans le même sens !

En septembre 1975 venait la réponse de Mgr Jenny, archevêque de Cambrai. La lettre exprimait son agacement quant aux *« accusations contre son diocèse »*, mais plus positivement disait ceci :

Il nous a semblé que pour la réussite de ce projet difficile, la Mission de France qui a été instituée précisément en vue d'une pastorale en plein monde, serait justement le très bon moyen pour lui de travailler à l'intérieur et au service de l'Église.

Entre temps, en juillet 75, je partais suivre la session à Solignac organisée par la Mission de France. Il ne me fallut pas longtemps pour m'apercevoir que l'on était dans la même cour de récréation, qu'on parlait la même langue et que l'on avait les mêmes analyses : le travail professionnel, en particulier ouvrier, peut être un lieu de mission.

Au cours de cette session, je repérai quelques prêtres ouvriers venus témoigner. Ils n'étaient pas uniquement en usine, mais aussi dans l'hôtellerie, la marine, les BTP. L'un d'entre eux s'appelait Jean Volo. Il était mécanicien sur un navire qui faisait la navette entre la France et la Terre Adélie. Il racontait avec humour qu'il y allait « pour évangéliser les pingouins ». Impressionnant, non ? Il y avait aussi un chercheur au CEA qui militait pour la paix, et des gars qui construisaient des barrages. Décidément, c'était plus réel que mon héros de saint Martin de Tours. Il y avait aussi des séminaristes de différents diocèses en fin de cycle avec lesquels je pouvais discuter et qui se posaient la même question que moi. Je n'étais donc plus seul à ramer !

À la fin de la session, sur ma demande, on me proposa de me mettre en contact avec l'équipe des prêtres, résidant en région parisienne et travaillant dans les BTP, composée de gars de la Mission de France et du Prado. Premier contact fin juillet. J'y suis allé un peu tremblant. Mais de retour dans le Nord, j'envoyai une seconde lettre au supérieur du séminaire de la Mission de France.

Jean Marie,

Je reviens d'Aulnay et voici les nouvelles toutes fraîches du lundi. J'ai vu Marcel et René, Jean-Claude du Prado[11] *et Jean Janssen qui est dans les transports.*

L'accueil a été sympathique, bien que les copains eussent l'air crevés, surtout Marcel. Les congés du mois d'août sont attendus avec impatience. On a discuté un peu de tout. Ils sont d'accord pour que j'aie un pied à terre chez eux bien qu'ils soient déjà cinq. Mais ils sont rarement tous là. Je pense me ramener avec mes valises dès leur retour

11. Équipe de PO (prêtres ouvriers) dans les BTP (Bâtiment et Travaux publics).

de congés, le 1er septembre. J'ai pu discuter aussi avec Jean qui me propose de participer à une réunion « Transport » mi-août à Saint-Germain. Il m'écrira pour confirmer. Au point de vue boulot, il m'a promis quelques adresses de citerniers.

Quant à mes impressions qui sont forcément subjectives, c'est que l'environnement n'est pas ce qu'il y a de plus enchanteur : des blocs les uns sur les autres, des rues qui se ressemblent toutes, l'anonymat le plus complet. En cherchant l'appartement qui était à 20 mètres, les habitants du coin ignoraient où se situait la rue Ambourget. Les copains avouent qu'ils ont très peu de relations avec leurs voisins, d'un autre côté ils sont rarement là, seulement en fin de semaine pour se reposer. Ce qui me rassure un peu, c'est que je serai à deux heures de chez moi dans le Nord ; car le fait d'abandonner « le coin », les copains et autres habitudes me fait un peu mal au ventre au propre comme au figuré, mais je suppose que c'est le lot de chaque départ. Je sais aussi qu'un autre réseau de relation se nouera et qu'alors on verra plus clair !

Voilà donc mes impressions : content de l'accueil et de la tournure des événements, mais me préparant à une certaine mort à moi-même en fonction de ce qui arrivera.

Bon assez bafouillé comme cela !

Peut-être que l'on aura encore l'occasion de discuter avant septembre, ou de communiquer d'autres nouvelles si elles se présentent

La réponse de J.-M. Ploux, responsable à l'époque de la Mission de France, vint rapidement le 25 Juillet 75 :

Prends de bonnes vacances au mois d'août. Nous nous retrouverons au mois de septembre, ce sera d'autant plus facile que Marcel servira de boîte aux lettres.

Un soir à Douai, avant de m'endormir, je lisais la bible et je tombai sur le passage qui évoque l'appel d'Abraham[12] :

Yahvé dit à Abram : « Quitte ton pays, ta parenté et la maison de ton père pour le pays que je te montrerai. Je ferai de toi une grande nation,

---

12. Genèse 12 s.

je te bénirai. Je ferai que ton nom soit grand, et tu seras une source de bénédiction. Je bénirai ceux qui te béniront, et je maudirai celui qui te maudira : en toi seront bénies toutes les familles de la terre. » Abram partit donc comme Yahvé le lui avait ordonné, et Lot partit avec lui. Abram était âgé de 75 ans lorsqu'il partit de Harrân. Abram prit Sara, sa femme, et Lot, le fils de son frère, tous les biens qu'il avait réunis et les gens qu'il avait acquis à Harrân ; ils se mirent en route pour gagner le pays de Canaan.

Je pris ce texte comme une réponse : Dieu me poussait à partir pour m'enraciner ailleurs.

1975 région parisienne.

Le 3 septembre, je rencontrai à Garches-les-Gonesse, Jean Jansen et l'équipe des prêtres ouvriers routiers en Île-de-France. Gilou Rufenacht, l'un d'entre eux, me communiqua une adresse pour trouver un boulot : une boîte de transport en commun, basée près de la Porte de la Chapelle. Le 10 septembre, je m'installai à Aulnay-sous-Bois en HLM, intégrant l'équipe des prêtres ouvriers en BTP. Je n'avais jamais vu autant de « cages à lapins », empilées les unes sur les autres, sur une telle hauteur.

Un peu à l'étroit, je partageais la chambre avec un autre prêtre, J. Laffite, qui partait la semaine à Calais sur le chantier du Tunnel sous la Manche. À cette époque (1975), le travail se faisait au marteau-piqueur dans des conditions de travail épouvantable, dans la boue et les eaux d'infiltration qui ruisselaient sur les hommes. Le vendredi soir, vers minuit, il revenait à Aulnay dans l'appartement. Il buvait une bière, fumait sa clope en lisant *Le Monde* puis, sans un mot, fermait la lumière pour s'endormir vers 1 h du matin dans des ronflements dignes des meilleurs engins de travaux publics. Le « Bleubite » que j'étais n'osait encore trop rien dire. Impressionné, j'étais enfumé comme un blaireau !

Le 11 septembre, l'adresse donnée par Gilou était la bonne. Je commençai donc comme conducteur de bus au *Courrier de l'Île-de-France* (300 salariés à l'époque). Le 1er novembre, une crise éclata. L'équipe BTP de référence décidait de manière unilatérale de déménager à Maisons-Alfort. Les copains m'invitèrent à quitter mon boulot pour en trouver un autre en région sud pour être là tous les soirs. Quitter ce « bon boulot » trois mois après, ne me paraissait pas sérieux. Je leur proposai donc de le conserver et de chercher de quoi loger la semaine pour revenir les week-ends et les retrouver pour faire le point. Après tergiversation, la proposition fut acceptée du bout des lèvres.

Je trouvai un logement dans un foyer *Sonacotra* à Tremblay-Lès-Gonesse, à 5 minutes de mon lieu d'embauche : Mitry-Mory. J'habitais avec des immigrés et des exclus ; cette vie me convenait tout à fait. Voilà ce que j'écrivais pour une réunion d'équipe de jeunes en formation :

> *Les copains immigrés que je rencontre n'ont pas fait le choix du foyer Sonacotra, ils y sont, parce que obligés par leur situation, chacun se débrouille comme il peut. Depuis quelque temps, des liens sérieux se sont tissés : auparavant, le soir, chacun mangeait à sa table par groupe : seul français de l'étage, je mangeai seul, isolé sur une table. Depuis les grandes vacances je mange avec un groupe d'Algériens et l'on partage le repas que l'on s'est fait, souvent on n'arrive pas à la même heure et il m'arrive de manger des tomates après le dessert et eux de boire le café après la soupe. Le ramadan nous a permis aussi de nous situer les uns et les autres comme croyants : eux pensaient que tous les Français étaient des païens. De ce fait, nous avons parlé un peu de religion et des similitudes entre le Coran et la Bible. Par contre le célibat est un non-sens pour eux.*
>
> *J'ai fait la rencontre avec Moktar, nous avons bien sympathisé : un coup de main par-ci, un peu de pognon prêté par-là, la voiture prêtée pour chercher le père qui débarque de la Mecque à Orly à 23 h. Il est venu passer un dimanche à Maisons-Alfort, il m'a dit en revenant : « Je me suis senti tout de suite à l'aise avec tes copains, il y a une véritable*

fraternité entre eux. Un jour pour les remercier j'irai faire le couscous et on fera la fête à la manière algérienne. »
Puis Moktar est parti faire un stage FPA de plâtrier à Hazebrouck ; il m'écrit une carte : « Salut tout va bien et toi que deviens-tu ?, amitiés. » Ou encore : « Je suis dans la merde, j'étais bourré et j'ai cassé ma voiture, ça n'arrive qu'à moi ! » Quelque mois après Moktar s'est marié à Oran avec une fille de 15 ans, et je ne l'ai plus revu.

Vie de travail et vie d'équipe Demande d'ordination

Ces trois années, rythmées par le travail et la vie d'équipe, passèrent assez vite. Tout en gardant un travail salarié, je rentrai de nouveau en formation dans le cadre de la Mission de France avec trois autres séminaristes : Jo Loiseau, Claude et Guy. En avril 1977, on planchait sur un des thèmes de réflexion : *« Quelle conception de l'homme est engagée par une pratique syndicale ? »* Ce genre de questionnement était bien en rapport avec ce que nous vivions, et m'aidait à réfléchir.

Je pensais naïvement pouvoir être ordonné rapidement, ou du moins que ma demande serait accueillie fraternellement. Mais l'équipe des prêtres BTP de Maisons-Alfort et le Conseil en décidèrent autrement, prétextant un caractère rebelle.

Nous nous demandons parfois s'il n'est pas trop déterminé… Il nous a même parfois semblé pressé d'arriver[13]*. A-t-il déjà envisagé une autre orientation pour sa vie ? Nous pensons que Jean-Michel a encore besoin de se libérer de son passé ! Il doit faire l'expérience que l'on ne s'engage pas seul ! (…) On relève chez Jean-Michel quelques réactions premières qui ne sont pas exemptes d'une certaine réticence par rapport à l'institution ou aux responsables de son cheminement. Il nous semble qu'il doit vivre un temps assez long cette expérience avant de se poser la question de son ordination. Celle-ci paraît parfois plus le préoccuper que le contenu vécu du ministère auquel il se prépare.*

13. Quelle horreur, j'avais trente ans !

Je recevais ces appréciations comme une profonde injustice. J'avais l'impression de devenir un peu *parano* ! Voilà que l'équipe de Maisons-Alfort n'avait pas confiance en ma démarche, et se prenait pour l'institution, elle qui n'hésitait pas à la critiquer en de nombreuses occasions ! Je pensais que leurs réactions visaient à m'écœurer, en me conseillant à demi-mot de partir. Je n'étais peut-être pas assez docile ou assez lisse… Mais je ne comprenais pas pourquoi ma motivation laissait à penser une vocation trop personnelle.

Ainsi le combat contre moi-même et contre l'Ange de Jacob continuait, ma hanche ne guérira pas de sitôt. L'espérance d'être reconnu par ce Dieu de l'institution devenait de plus en plus improbable. Je dus le maudire quelquefois, mais il me répondait à chaque fois avec humour : « Pourquoi tant de haine, camarade…? »

Pourtant une lueur demeurait grâce à un papier de l'équipe des prêtres ouvriers des Routiers.

Lyon le 25 Avril 1976,

Jean-Michel nous ayant fait part de son intention de se présenter à son premier engagement, au sein de la Mission de France, nous constatons :

- Il s'agit bien pour lui de s'engager dans le monde incroyant, à travers une insertion professionnelle (actuellement, les transports) avec la nécessité de participer au combat syndical et politique que mène la classe ouvrière pour sa libération.
- Il entend bien que sa démarche ne peut être individuelle, mais qu'elle doit être partie prenante de la recherche de l'Église. C'est la raison pour laquelle il souhaite entrer à la Mission de France, qui apparaît comme un lieu privilégié de rencontre et de confrontation entre différents croyants voulant signifier Jésus-Christ en classe ouvrière.
- La libération de la classe ouvrière, par les moyens qu'elle se donne, a quelque chose à voir avec la libération apportée par Jésus-Christ. L'organisation de cette classe ouvrière interroge « l'organisation Église ».

- Ce n'est là qu'un résumé d'une orientation que Jean-Michel peut préciser, et qu'il envisage comme un moment d'un engagement définitif et officiel dans un ministère ordonné...

Notre condition de prêtres implique-t-elle un acquiescement à toute décision hiérarchique ? Une approbation de la façon dont s'expriment ceux qui apparaissent comme responsables dans l'Église ?

- Il est évident pour nous que notre fidélité ne se situe pas sur ce registre.

- C'est une fidélité à l'Évangile et à la foi vivante.

- Elle implique une participation réelle à la libération de la classe ouvrière, par les moyens qui lui sont propres

- Cette fidélité ne peut pas être vécue individuellement. De tout temps, la recherche de la Foi a été vécue collectivement ; c'est le sens de l'existence d'une équipe comme la nôtre.

La classe ouvrière dont nous sommes, nous fera découvrir, au fur et à mesure, et à sa manière, l'authenticité de notre fidélité, et suscitera les formes que prendra notre engagement.

Basé sur notre Foi en Jésus Christ ressuscité, notre combat dans la classe ouvrière cherche une autre dimension que nous tentons ensemble de définir et de célébrer comme étant déjà là.

Dans ce contexte, que signifie l'engagement de Jean-Michel ?

Une première évidence : notre recherche d'équipe et celle de Jean-Michel sont convergentes globalement, en particulier sur les points suivants :

- Même volonté de rechercher un sens à l'Église aujourd'hui

- Impossibilité de dissocier cette recherche d'un engagement et d'une lutte en classe ouvrière, en milieu non-croyant

- Nécessité d'approfondir constamment notre relation à Jésus-Christ personnellement et en équipe (en vérifiant en commun nos perceptions)

- Nécessité d'inventer, à partir des situations vécues en classe ouvrière, les modalités d'exercice de notre responsabilité sacerdotale ; en ce sens, nous sommes concernés par l'engagement de Jean-Michel.

Nous espérons que cet engagement est réciproque de la part de la Mission de France, à continuer d'œuvrer pour que cette recherche de la responsabilité sacerdotale, de l'expression de la foi et du sens de l'Église en classe ouvrière, soit de plus en plus possible dans l'Église d'aujourd'hui.

Je ne sais pas si c'est grâce à cette lettre, mais je fus admis au premier engagement le 3 juillet 1976, célébré en la chapelle du Carmel de la Paix à Mazille.

Quelque temps plus tôt, le 3 mai 1976, je reçus ce petit mot d'encouragement du père M. Leclercq, le vicaire général.

Cher Jean-Michel

J'ai trouvé ton mot dans ma boîte aux lettres, au retour de quelques jours de convalescence ! Tes nouvelles m'intéressent toujours beaucoup. Je les communique au Conseil. J'espère qu'on pourra se revoir d'ici le 3 juillet et que je pourrai te redire ce que tu sais bien d'ailleurs : que ton engagement à la Mission de France ne soit pas un « départ » du diocèse, mais un engagement du diocèse avec toi dans un apostolat et un ministère dont le diocèse reconnaît l'importance, tout en se sentant incapable d'y préparer.
À bientôt j'espère le plaisir de nous revoir. Crois bien, cher Jean-Michel, à mon amitié fidèle.

1976-1978

6

Premier combat syndical

Au boulot, je fis connaissance de Roger Delanoue, jeune militant syndical et membre du parti communiste, qui travaillait comme mécano dans mon entreprise. Il m'entraîna rapidement dans la lutte syndicale au sein de la CGT. Là au moins, les gens motivés étaient bien accueillis ! Ce fut pour moi l'occasion d'être plus proche des copains, et de discuter avec eux.

En octobre 1976, je fus élu délégué du personnel, sur le thème : *Le changement par la grève !* Ces élections ne furent pas un grand succès pour la CGT ; le syndicat des routiers, majoritaire (FNTR), avait raflé la mise !

Roger et moi avions posé un cahier de revendications à la direction, faisant suite aux pressions des copains de travail : augmentation du taux horaire à 13 F minimum, réaménagement des repos compensateurs et des heures d'amplitude, etc. Mais devant les risques encourus, peu de collègues s'engagèrent à nos côtés. Le soir, au foyer *Sonacotra*, je pensais à Moïse écoutant les plaintes du peuple d'Israël qui préférait retourner en esclavage car les oignons d'Égypte étaient meilleurs que l'aridité du désert. J'ouvrai ma bible au hasard et tombai sur ce texte : « Nous nous rappelons le poisson que nous mangions pour rien en Égypte, les concombres, les pastèques, les poireaux, les oignons et l'ail. Et maintenant, nous avons la gorge sèche, il n'y a plus rien, plus rien à l'horizon que cette manne ! » (Nb. 11 ; 5)

Je fus tenté d'adhérer au Parti pour aller plus vite mais, à la réflexion, cette démarche me semblait un peu précoce. Lorsque l'inattendu arriva : la grève !

Nous étions en février 1977. Je retrouve dans mes archives un papier daté du 11 mars 1977 destiné à la Formation Continue de la Mission de France. Il y a quatre pages mais je retiens ce qui me paraît essentiel :

Je viens de passer 14 jours de grève relativement dure aux "CIF"; je suis seul délégué du personnel CGT avec mon copain Roger, délégué syndical. Toute l'organisation repose sur nous. Conclusion : cinq heures de sommeil par nuit, et plus le temps de penser à autre chose. Cette grève est une surprise ; cela faisait 20 ans qu'il n'y avait pas eu de lutte syndicale, pourtant on sentait la marmite bouillir et prête à exploser. On en parlait beaucoup, mais personne ne venait aux réunions. La direction était confiante : « les chauffeurs n'oseront pas faire grève parce qu'ils n'ont pas de c… au c… », ou encore : « les chauffeurs sont tellement endettés qu'aucun d'entre eux ne vous suivra ».

Roger et moi avions un peu peur de cette grève car on n'avait aucune structure capable de canaliser la formidable éruption qui commençait à jaillir dans tous les dépôts. Nous n'avions pas suffisamment d'expérience syndicale pour pouvoir analyser les événements. Pourtant nous étions tous d'accord pour lutter sur deux revendications essentielles : augmentation du taux horaire et diminution des temps de présence (amplitude) dans la boîte.

(…)

Tout doucement nous nous enfoncions dans la grève illimitée.

Tous les jours, piquets de grève dans les dépôts à 4 h30 pour empêcher les bus de démarrer. Sur le parking que je surveillais, l'un avait réussi à démarrer son bus et faisait chauffer son engin tranquillement ; voyant la provocation, Pierre se précipita en dessous du bus et ouvrit les bouteilles d'air, le frein de secours se bloqua et j'ai vu le vieux chauffeur partir en pleurant ! Certains venaient la nuit garer leur bus à côté de chez eux. Le jour nous étions occupés à repérer « les traîtres » : on entrait avec les clients dans le bus et on distribuait des tracts aux passagers tout en discutant et expliquant la grève.
Nos journées se terminaient à 22 h / 23 h.

La mairie de Saint-Denis nous offrait à manger tous les jours ainsi qu'une salle. La fédération CGT des transports décida d'organiser un vendredi soir, invitant tous les adhérents des boîtes environnantes, une soirée couscous suivie d'un bal pour récupérer un peu de fonds pour redistribuer aux grévistes les plus endettés. Nous étions aussi soutenus par la RATP.

Pourtant, au bout de la deuxième semaine, la « GTI », le groupe auquel notre société appartenait, eut raison des travailleurs en leur proposant 9,69 F de l'heure. De plus en plus de copains, lassés par l'inactivité et fatigués, reprenaient le travail sans crier gare !

Le lundi 28 Février, 60 % des grévistes décidèrent de reprendre le travail le lendemain, se promettant de reprendre la lutte d'une autre façon. Le boulot a repris, les amplitudes aussi, « l'intox » de l'encadrement aussi. Pourtant plus rien n'était comme avant.

Suite à cette grève, il y eut une prise de conscience qu'on était capable de tenir le coup : 14 jours. De 5 adhésions, on est passé à 30. Les gars, qui maintenant se connaissaient entre les différents dépôts, disaient : « On reprendra la lutte, mais il faut mieux s'organiser. »

Il nous reste maintenant un gros travail à faire. Personnellement, avec deux autres gars, je vais suivre un stage syndical sur le thème : la lutte et les moyens de lutte dans l'entreprise.

L'histoire humaine n'avance-t-elle pas par ces différentes libérations, qu'elles soient personnelles ou collectives ? Libérations qui éclairent et qui s'éclairent par celle apportée par Jésus-Christ. Si on ne lutte pas contre les oppressions, comment comprendre l'évangile apporté aux humbles et aux exploités ?

Nouvelle demande pour le diaconat

Teigneux comme un pou (mais un pou peut-il être teigneux ? le mien, d'origine flamande l'était sûrement !), je demandai à nouveau l'ordination au diaconat.

Je demande à l'Église de bien vouloir m'ordonner au diaconat dans la perspective d'un ministère ordonné dans la classe ouvrière.

(...) Donc, si l'Église le juge utile et nécessaire, afin que sa mission de témoigner du Royaume de Dieu promis et déjà là, par la résurrection de son Fils, soit continuée dans le temps, je pense être disponible pour être aussi témoin de cette recherche et pouvoir au nom de l'Église et avec elle célébrer cette réalité dans l'Eucharistie et les Sacrements...

Avec du recul, j'avoue que pour les non-initiés ce langage peut paraître flou et hermétique, mais je saisissais l'occasion qui m'était donnée de parler hébreu avec les Hébreux... Par contre, je terminais cette demande par une réflexion sur le célibat qui me paraît être encore d'actualité.

Le choix du célibat

Cette liberté de choix pour le célibat est pour moi le moyen de signifier que ce célibat est un charisme (un don) reçu de Dieu pour mieux témoigner de la proximité du royaume de Dieu et de notre résurrection. Certes, ce n'est pas le plus important des charismes puisque saint Paul nous rappelle justement que le plus grand des charismes est l'amour que l'on porte à ses frères, signe de l'amour que Dieu porte aux hommes. Ce charisme est aussi signifié dans le mariage ou dans les relations au sein d'une famille, mais célibat et mariage sont complémentaires de cette signification.

Vis-à-vis des copains de travail, un célibataire qui ne « baise » pas est une situation qui fait poser question, alors que ma croyance en un Dieu semble ne pas poser de questions ou provoque l'indifférence : « Chacun est libre de croire en ce qu'il veut ! » Mais le célibat (comme le choix de la fidélité dans le mariage) doit provoquer réponse et recherche.

(Fait à Tremblay-les-Gonesse, le 24 mars en vue de l'ordination de Juin 77).

Une autre lettre de l'équipe BTP de Maisons-Alfort, cette fois assez positive, appuyait ma demande :

Nous pouvons exprimer le positif de ce qu'il a vécu pendant ces années... C'est à partir de ce vécu quotidien au ras du sol que Jean-

> *Michel envisage un ministère ordonné au travail pris en compte par la Mission de France. L'équipe de Maison-Alfort s'engage avec lui dans cette avancée. Il a fait des choix depuis longtemps, il les a approfondis pendant ces deux années...*

En lisant cette lettre, je me disais : « Tiens il y aurait donc un Bon Dieu ! »

Puis, le Conseil de la Mission de France, chargé de discerner les appels au ministère presbytéral, m'envoya cette réponse :

> *Il nous semble qu' (il) est maintenant partie prenante de la Mission de France, sans réticence et sans pour cela tomber dans l'esprit boutique... Mais... Il n'a pas encore trouvé les mots de sa vie et juxtapose parfois des formulations de théologie « traditionnelle » (libération / exode ; déjà là et pas encore !) pour exprimer des intuitions pas encore très explorées et vérifiées !*

Après trente ans de recul, je reste effaré de ces jugements approximatifs : *l'esprit boutique...! ; Il n'a pas encore trouvé les mots de sa vie !!! ; il juxtapose parfois des formulations de théologie « traditionnelle » (Libération/Exode ; déjà là et pas encore !) ; pour exprimer des intuitions pas encore très exploitées et vérifiées !*

J'avais à faire à des aveugles !

Au début, je m'étais demandé s'ils ne s'étaient pas trompés de « personnage » ! Je compris mieux, plus tard, que pour certains responsables de l'époque, ces intuitions pouvaient être dangereuses, et ne pouvaient être exploitées ni vérifiées en ce qui les concernait, eux.

M'étais-je de nouveau trompé d'Église ? Et dans ma prière d'appel au secours, Dieu me répondait immanquablement : « Mais pourquoi toujours tant de haine... alors que tu m'as trouvé ? Aie confiance, je serai toujours là ! »

Et il avait raison car je ne sais plus pourquoi, en juin 77, je fus ordonné avec Philippe au diaconat dans la chapelle de la Mission de France et Guy, ordonné prêtre.

Le 16 juin 1977, je reçus ce mot du père Leclercq qui, par sa fidélité, témoignait de son souci de recoller les morceaux avec mon diocèse d'origine.

Cher Jean-Michel
Merci de tes nouvelles, de la documentation sur tes engagements et de l'annonce de ta prochaine ordination au diaconat. J'en ai fait part au Conseil épiscopal et Monseigneur (l'évêque) m'a chargé de te dire que nous serons à tes côtés par la prière, malheureusement pas physiquement car cette fin d'année est chargée…
Peut-être reviendras-tu à Douai en juillet ? J'y serai encore, et moins bousculé qu'en ce moment.
Je te dis, cher Jean-Michel, ma fidèle amitié et ma prière.

En février 1978, secteur de Mitry-Mory, les chauffeurs de ramassages scolaires, dont je faisais partie, constatèrent des actes de vandalisme de plus en plus fréquents sur les sièges des cars : sièges lacérés au couteau, crachat sur les vitres, et autres ordures. Avec l'accord des copains et de la direction, je décidai, au titre de délégué du personnel, d'écrire une lettre à M. le Maire adjoint, délégué aux affaires scolaires, en décrivant nos conditions de travail :

Le problème qui nous préoccupe évidemment le plus est bien sûr la sécurité…
Il faut bien constater que le chauffeur est un homme seul face à une cinquantaine d'élèves bien souvent sympathiques, mais auxquels s'ajoutent parfois des éléments turbulents et perturbateurs pour qui le vandalisme gratuit est une habitude.
Il faut préciser que toute l'attention du chauffeur est naturellement requise pour conduire son véhicule en toute sécurité, et cela, avec 50 élèves dans le dos, souvent énervés en fin de journée et sans aucun adulte autre que le chauffeur pour surveiller… Les résultats sont des banquettes déchirées, des sièges cassés, des crachats par terre.

Faisant suite à mon courrier, une rencontre fut rapidement organisée réunissant les chauffeurs concernés, les parents d'élèves, des enseignants et M. le Maire adjoint. Un compte rendu de la réunion qui parut dans *Actualité scolaire* précisait les points positifs de la rencontre grâce à l'écoute, au dialogue et à la volonté commune de trouver des solutions dans un climat de compréhension.

Nouvelles élections syndicales

Avril 1978. L'ambiance était déjà dans la préparation des futures élections syndicales d'octobre : tracts, affiches. La tension était palpable, en particulier avec le responsable de l'autre syndicat majoritaire, celui de la FNCR[14].

Un jour, que nous nous croisions dans le couloir qui menait à la cantine, nous n'avions pas pu nous empêcher de nous défier, à propos de certains tracts un peu musclés dans leur formulation… Et la conversation s'envenima rapidement. Cela commença par l'insulte suprême de *sale curé rouge*, à laquelle je répondis en traitant mon interlocuteur de *gros fasciste réactionnaire*, doublé d'un bras d'honneur ! En un instant, nos cerveaux s'obscurcirent et les insultes se mirent à fuser drues comme un orage de grêles, témoignant de notre grande culture sur le monde exotique des oiseaux.

Nous étions presque face à face lorsque, sans prévenir, comme un éclair, je reçus une baffe en pleine tête, faisant voler mes lunettes par terre… Sans réfléchir, mon poing partit à son tour pour atterrir sur sa mandibule, côté droit. Et fit mouche car j'aperçus quelque chose sortir de sa bouche. Je ne l'ai su qu'après… puisqu'il s'en est plaint à la direction, c'était son vieux dentier qui achevait sa carrière en se brisant à son tour sur le sol, assez loin, heureusement, de mes lunettes.

Ramassant nos prothèses cassées, nous nous sommes quittés, très en colère, nous promettant les pires exactions au cours de « la

14. Fédération Nationale des chauffeurs routiers.

lutte finale »… En guise de lutte finale, nous étions convoqués par le patron, avec menace de licenciement si les choses ne se calmaient pas !

Évidemment, je n'avais pas de quoi être fier de ce fait divers. Moi qui étais né là pour l'amour et la tendresse et dont la vocation était de tendre l'autre joue à mon adversaire ! J'avoue donc avoir été entraîné dans un combat de chiffonniers ; mais je dois aussi me confesser, mes frères, que devant la provocation, je n'avais pas baissé les bras !

1978-1979

7

Muté à Gennevilliers

Militant bagarreur ? Sans doute, mais au cours de cette année, j'avais mentionné plusieurs fois à l'équipe de référence mon manque de visibilité et de participation à cette Église en classe ouvrière. En effet, je n'avais pas d'équipe d'ACO, ni d'équipe d'accompagnement en JOC alors que j'étais militant syndical et en contact permanent avec des jeunes en faisant du ramassage scolaire : « … il me manquait ce quelque chose qui signifiait ce pourquoi j'étais là : une Église visible en classe ouvrière qui peut s'exprimer et repérable auprès des copains. Je demande de vivre dans une équipe de prêtres ouvrier. Diversifiée. »

L'appel fut cette fois entendu ! On me proposa l'ordination l'année suivante mais sous condition : accepter d'être transféré à Gennevilliers dans une équipe de prêtres au travail. Je pensais atterrir dans l'équipe de Bernard Amiot qui vivait en HLM à Gennevilliers. Mais, après une décision prise unilatéralement, je me retrouvais dans l'équipe paroissiale qui gérait les trois paroisses de Gennevilliers. Ayant émis quelques réticences à cette décision, le prélat de la Mission de France, Jean Rémont, me fit comprendre qu'il était de mon intérêt d'avoir un peu plus le sens de l'obéissance. Sinon, pas d'ordination presbytérale ! Bien qu'ulcéré par cet excès d'autoritarisme, je m'exécutai ne voulant pas échouer si près du but.

Heureusement, les prêtres étaient accueillants. Eugène, le « modérateur » de l'équipe, se comporta comme un vrai frère. Mais pour moi, il fallait de nouveau tout quitter : boulot, logement, copains militants. Je décrivais ma nouvelle situation dans une lettre datée du 2 décembre 1978 destinée pour la formation continue.

Beaucoup d'événements se sont passés depuis juin dernier… Entre autres, ma participation à l'équipe de Gennevilliers depuis septembre. J'ai donc dû quitter l'entreprise, un travail de chauffeur que j'aimais, des relations, un syndicat (aux dernières élections des délégués du personnel et du Comité d'entreprise, la CGT a emporté un siège de plus que l'année dernière… Le travail n'aura pas été inutile). Ces ruptures ont été très difficiles et me remettent en cause sur le pourquoi de cette aventure.

J'ai dégoté une offre d'emploi dans une entreprise de transport, chez « Rouch ». 1 h 30 plus tard, j'étais licencié et du coup de nouveau au chômage : un client avait retiré son contrat. Après renseignements, on peut supposer que le motif était tout autre.

Quinze jours de chômage. Première inscription à l'ANPE. Des jours d'attente comme tout le monde : des jeunes de 17-18 ans et beaucoup d'immigrés… Quinze jours de chômage qui m'ont permis de m'intégrer un peu mieux à Gennevilliers, de connaître les copains, de m'installer et de dormir…
Puis grâce à l'ANPE, j'ai retrouvé du travail dans une entreprise de transport pétrolier, « la Sofret », spécialisée dans la reconversion des résidus de pétrole qui, maintenus à l'état liquide à 80°, étaient livrés dans des chaufferies d'immeubles ou d'usines en région parisienne, dans un rayon d'une centaine de kilomètres autour de Paris. Conduire une semi dans Paris, ce n'est pas de la tarte ! Mais ce travail ne m'est pas complètement inconnu depuis mon expérience dans le Nord. Les conditions de travail n'ont pas changé : à 4 h 30 je fais le plein du camion et prends connaissance des clients à livrer ; fin du boulot entre 15 et 19 h, selon la circulation !
(…)

Je suis aussi embarqué dans une autre équipe, paroissiale celle-là ! Après quelques réticences, je me suis laissé prendre par l'enjeu : comment l'Église répond-elle aujourd'hui aux questions de notre temps ?

Mais chaque prêtre, en plus de son travail professionnel, assume sa part pastorale.

Personnellement, j'accompagne une équipe ACO et aussi une équipe JOC avec Yves Gueguen, j'assure le service de la Parole dans l'Eucharistie et quelques permanences d'accueil et dois coordonner une session de préparation au baptême en juin. Ce qui me frappe, c'est la place prépondérante des laïcs et des religieuses.

Les funérailles sont assurées par des équipes de laïcs qui assurent l'accueil des familles et la cérémonie religieuse. Les prêtres visitent les familles le soir après le travail.

Les préparations de mariages sont prises en charge par des couples.

Il existe un vrai travail pastoral assuré par une équipe composée de prêtres, religieuses et de laïcs en majorité qui représente en quelque sorte la « conscience » de l'Église de Gennevilliers et qui s'efforce de construire une Église ouverte et accessible au monde ouvrier en annonçant la Bonne Nouvelle de Jésus-Christ.

Je prends conscience que la co-responsabilité prêtres-laïcs au sein de l'équipe pastorale est une réponse adaptée aux exigences à la mission de l'Église dans ce monde a-religieux. Pour moi, le prêtre c'est l'homme qui célèbre cette tension et ces ruptures, homme de conviction mais naviguant dans l'incertitude et la recherche !

Salut à tous

J.M.V.

Mes journées étaient « speed » malgré un salaire dérisoire, mais le principal pour moi était d'avoir un travail. J'étais donc redevenu chauffeur citernier de produit pétrolier. La vie syndicale était difficile puisque nous étions très isolés dans notre travail : l'entreprise sous-traitait nos services à différents distributeurs pétroliers. Mais il existait une forme de solidarité (pas très syndicale) qui se manifestait surtout le soir après le boulot.

Dans la cour où nous garions nos camions, il restait souvent dans quelques citernes un fond de carburant qu'on se dépêchait de récupérer pour nos voitures ; officiellement, cela était interdit mais toléré, sans doute pour calmer les ardeurs revendicatives des chauffeurs. Il m'arrivait de remplacer l'un ou l'autre de ces chauffeurs, absents, qui livraient les stations-essence. Ce boulot était pour moi plus compliqué, la citerne du camion disposant de 5 à 8 cuves. Il fallait les remplir sans se tromper d'essence aux différents indices d'octanes, de gas-oil ou de fuel domestique. Ce boulot me stressait : la peur de se tromper, les bouchons de la circulation parisienne, les rues étroites et les voitures mal garées.

De plus, je ne sais toujours pas comment cela se faisait, mais, mes cuves se vidaient toutes seules dans les stations jusqu'au dernier centilitre. Je n'arrivais pas à ramener le moindre litre de carburant ; alors que les meilleurs (?) arrivaient à ramener du carburant dans les tuyaux souples qui servaient à raccorder la citerne du camion aux cuves des stations.

En général, mon travail consistait plutôt à transporter du fuel lourd dans une citerne de 30.000 litres, calorifugée, à destination des chaufferies d'immeubles ou d'usines, avec un vieux véhicule poussif. Je n'avais qu'une seule cuve à gérer mais du mauvais matériel.

Les conditions de travail en région parisienne

Un matin, je revenais recharger la citerne pour le deuxième tour de la journée au port de Gennevilliers, vers 9/10 h, et me retrouvais bloqué sur le périphérique. La circulation était très dense : on avançait en « accordéon ». Ces bouchons sont très fatigants car, en l'espace de quelques kilomètres, il fallait bien embrayer ou débrayer une centaine de fois (sans embrayage assisté à l'époque !)

Alors que je circulais (peut-être trop lentement ?) sur la deuxième file de gauche, un vulgaire petit camion, du genre « ôte-toi de là que je m'y mette », me dépassa furieusement sur la droite. Me frôlant trop près, il me brisa net le rétro, un énorme rétro ! Comme le capitaine Haddock, toutes les invectives connues y passèrent à travers la vitre baissée.

Quelques centaines de mètres plus loin, nouveau bouchon… Le gaillard se retrouva bloqué lui aussi. Je descendis de ma cabine, me faufilai entre les voitures, et arrivé à la hauteur de sa camionnette, je montais sur le marchepied pour l'engueuler de tout ce que je savais. Le gars, assez surpris, voyant que la circulation reprenait et que je restais accroché à son marchepied, me demanda alors : « Combien tu veux ? » Sans réfléchir je lui dis : « Vingt sacs ! » (cela valait bien plus !) L'autre me les donna évidemment sans rechigner, heureux sans doute de s'en sortir à si bon compte. Après de vagues excuses de sa part, je regagnai mon camion, toujours planté au milieu du périphérique, les voitures commençaient à redémarrer. Mais le soir, en rentrant au garage, j'eus droit à l'engueulade de principe : ma prime de fin du mois allait sauter.

Ce rapport à la violence était incontournable. Enfermé dans une cabine de camion toute la journée, stressé et régulièrement agressé par la circulation, il fallait apprendre à se maîtriser : ce fut une bonne école du caractère. Mais se former au ministère dans ces conditions comportait aussi des risques !

Un autre fait aussi m'a marqué, cette fois au niveau de ma santé.

Un lundi, je devais livrer 20.000 litres de fuel lourd pour la chaufferie d'une usine d'équarrissage du côté d'Étampes. J'arrivai à l'usine vers 8 h, signalée par une odeur putride. J'installai les tuyaux, montai sur la citerne pour ouvrir le « trou d'homme » (couvercle d'étanchéité pour le remplissage de la citerne : ce qui évite l'aspiration de la citerne par manque d'air), redescendis démarrer le petit moteur à l'arrière de la semi-remorque pour aspirer le liquide chaud et noirâtre des cuves. Le moteur à peine démarré, je fus atteint de nausées. Paniqué, j'eus à peine le temps de rejoindre les bureaux, saisi par des vertiges qui m'obligeaient à m'asseoir sur le sol et à fermer les yeux.

La secrétaire médusée appela les pompiers. Les flics arrivèrent aussi et me demandèrent si je n'étais pas bourré : ils allèrent dans le camion vérifier le liquide renfermé dans le thermos (heureusement pour moi, c'était de la soupe !) L'ambulance m'emmena aux urgences, entre temps je vomissais tout ce que je pouvais.

Pour calmer les nausées, on me mit sous calmant, puis on me fit passer un scanner. Verdict : syndrome de Ménière. Jamais, je n'aurais pu imaginer que ma journée se terminerait ainsi. J'étais comme une andouille, sonné par des vertiges, dans une chambre seul et nu comme un ver : les infirmières avaient mis mes habits qui sentaient le fuel dans un sac poubelle ! Elles revinrent me badigeonner avec une espèce d'eau de toilette : je n'étais vraiment pas fier.

Le surlendemain, Eugène, le responsable de l'équipe, me rendit visite. Il essaya de me rassurer, mais cela ne marcha qu'à moitié, pourtant son humour me fit du bien. La fin de la semaine arriva, je pouvais sortir mais pas très rassuré ; le toubib me donna une semaine de repos.

Je repris le boulot quinze jours après l'incident, sous l'œil curieux des copains. Toutes les interprétations étaient possibles. Mes collègues savaient seulement qu'il avait fallu en urgence dépêcher un chauffeur pour me remplacer. Moi-même, incertain sur le diagnostic, je les laissai avec leurs questions.

La reprise fut pénible. Quelques jours après et presque tous les matins, pendant des mois, j'étais pris de nouveau de malaises et de vertiges, certes légers mais suffisants pour me déstabiliser psychologiquement et me reposer la question du travail. Cela se passait le matin, au lever du soleil, et cela pouvait durer une heure ou deux. Dans ma cabine, j'essayais de lutter comme je le pouvais contre ces vertiges.

En général, les symptômes se calmaient en fin de matinée. Je ne comprenais plus rien à ce qui m'arrivait. Ces vertiges pouvaient remettre en question mon métier de chauffeur. Me voyant déprimer, les copains me conseillèrent d'aller voir un psy…

J'ai donc été voir un psy… *« Des fois que… »*. Je n'avais pas grand-chose à lui dire. Il semblait aussi gêné que moi. Il essayait bien d'amorcer « la pompe » en me demandant, par exemple, si j'avais une activité sexuelle normale, ou si je dormais bien la nuit. Je lui répondais brièvement oui ou non. Que pouvait-il comprendre ?

Le quittant, je me suis dit en moi-même : « Décidément il y a des métiers qui ne sont pas faciles. Il y a pire que le mien ! » Cette réflexion me donna du courage pour me battre… Grâce au psy, j'étais en voie de guérison !

Toujours est-il, est-ce le hasard ? Est-ce la providence ?, un matin il n'y avait plus de café pour le petit-déjeuner et je dus me contenter d'un chocolat chaud. Le lendemain, pareil. Curieusement, mes vertiges s'estompèrent, jusqu'à disparaître par la suite !

Le remède fut de ne plus prendre de café le matin et cela allait mieux.

Bizarre… un miracle ? En tout cas cela m'arrangeait bien ! À travers cet événement, j'avais fait l'expérience de ma fragilité mais aussi de la force de la prière ? En tout cas, j'avais senti la présence d'une sorte d'alter ego qui ne me lâchait pas.

Pentecôte 1979, Dammarie-les-Lys. 800 prêtres ouvriers, tout corps de métiers confondu, se rassemblèrent sur le thème *Prêtres pour rendre possible la rencontre de Jésus-Christ par les travailleurs.* J'y étais allé avec les copains des « transports ». « Peuple de prêtres… peuple de roi… » Les têtes commençaient déjà à grisonner mais on y croyait encore.

Année 1979

8

Ordonné et envoyé…

Après vingt ans de réflexion (1959-1979), la Mission de France donna son accord pour mon ordination. Quel chemin parcouru depuis le jour de mon entrée au petit séminaire de Solesmes !

Je dus une nouvelle fois formuler ma demande… Heureusement, c'était la dernière !

L'Église, telle qu'on la vit à Gennevilliers, semble être une possibilité d'Église préparée à assumer le futur sans complexe ! Bien que beaucoup reste à faire pour changer les mentalités et pour durer dans le temps.

Lorsque nous célébrons l'Eucharistie, rendue vivante par son assemblée, nous pouvons proclamer qu'une unité est possible et même en train de naître, expérimentant durement Dieu dans sa promesse du « déjà là » et du « pas encore » : nouvelle Alliance faite avec tous les hommes, Alliance scellée par la mort et la résurrection de l'Un d'entre nous, prémices de notre résurrection déjà signifiée.

En tout cas, c'est à ce service que je demande d'être ordonné prêtre pour l'Église dans la Mission de France.

P.S. Mon célibat est vécu en fonction de la proximité du Royaume déjà là et de l'urgence d'annoncer l'Amour radical de Dieu avec les hommes.

Lettre d'acceptation de l'équipe des prêtres de Gennevilliers

Elle est écrite par Eugène, l'ami et néanmoins responsable de l'équipe, dont je reconnais bien l'humour et la clairvoyance.

Avril 1979

L'équipe de Gennevilliers connaît Jean-Michel depuis l'été 1978, mais certains de ses membres ont fait connaissance et ont cheminé avec lui depuis quatre années, dans le cadre de la Formation Continue. Nous avons consacré plusieurs réunions d'équipe à l'étude de cette demande, écoutant Jean-Michel et l'interrogeant.

Le présent papier voudrait transmettre aux membres du Conseil d'Appel aux ordres et par eux, aux évêques de la Mission de France, ce qu'il est permis de dégager de ces réunions d'équipe, mais aussi nos impressions au long de ces neuf mois passés ensemble, car dès son arrivée dans l'équipe, Jean-Michel a manifesté clairement son intention d'être ordonné prêtre au printemps 1979.

L'itinéraire de Jean-Michel est assez significatif de la volonté qu'il a mise à répondre à un appel, qui s'est progressivement précisé, et de sa capacité à s'adapter sans rien perdre de la visée essentielle.

Le conducteur poids-lourd, qui est apte à tirer ses 38 tonnes de fuel dans les rues exiguës de la capitale, et assez adroit pour pousser gentiment, avec les pneus du train avant de son tracteur, les voitures qui ne sont pas bien rangées au bord du trottoir, nous donne bien l'image de Jean-Michel, tenace et patient, qui n'accepte pas tout de go les remarques des copains, les corrections d'itinéraire, mais quand il a compris le bien-fondé, les intègre pleinement, et ne les remet plus en cause.

Cet itinéraire l'a conduit à Gennevilliers, il avoue dans son papier : « après quelques réticences, j'y suis allé… sans le regretter par la suite ».

Au début, c'était un peu un mariage de raison. La découverte de ce qu'est l'agenda d'un prêtre à la fois au travail et à la fois chargé de tâches pastorales avait de quoi l'effarer, et nous ne le sentions pas disposé à battre des records dans le nombre de soirées prises pour ceci ou cela. Il acceptait bien volontiers de ne pas monter sur le podium pour la remise des médailles. Ceci révèle certainement un sens de l'équilibre, son souci de trouver un rythme humain, quand il faut prendre le volant à 6 h 30 du matin. Mais ceci peut manifester une tendance à une certaine tranquillité qu'il faut secouer de temps en temps. Dans ce domaine, il accepte plus d'être remis en cause par la vie elle-même ou par des gens qui lui lancent des appels précis, que par de grandes considérations intellectuelles.

Cet itinéraire, qui le conduisait à Gennevilliers, simultanément l'amenait à quitter l'équipe de Maisons-Alfort, le foyer Sonacotra, *les*

Courriers de l'Île-de-France, les engagements syndicaux qu'il y avait pris, l'amitié des copains qui s'était exprimée au long de ses trois années de boulot et plus spécialement lors des 14 jours de grève, qui n'avait pourtant pas donné les résultats escomptés mais qui avait eu le mérite d'exister.

Nous avons mesuré ce que cela représentait pour Jean-Michel, dans ce qu'il nous a dit, mais aussi dans les rencontres qu'il a su nous ménager avec les familles de deux de ses anciens copains qui sont venues déjeuner à Gennevilliers

Nous sommes persuadés que l'avenir d'une équipe comme la nôtre et son renouvellement ne peuvent se faire qu'à condition que des copains jeunes et moins jeunes acceptent de telles ruptures, de tels « départs ». Jean-Michel en a été capable : c'est à nos yeux un critère de vocation missionnaire. Nous tenons à le souligner très fortement. Ses copains de boulot regrettent son départ des Courriers de l'Île-de-France, mais, puisqu'ils ne lui en veulent pas, c'est donc qu'ils ont su comprendre que Jean-Michel ne les a pas lâchés.

Sa part de travail pastoral est, selon ses propres paroles, « relativement légère ». Il s'en acquitte bien ; Les auditeurs de ses homélies leur trouvent deux qualités : la clarté, il s'évertue à ne développer qu'une seule idée, et la brièveté. Nous sommes témoins qu'ils les préparent sérieusement. En équipe d'ACO, il reste lui-même, simple et direct dans ses interventions, et en même temps il demeure préoccupé de faire exprimer l'ensemble de l'équipe, et surtout il ne biaise pas avec ce que peut être une présence « sacerdotale » dans une telle équipe. Il n'y a pas de doute sur sa personne, il est un membre de l'équipe mais un membre qui a accepté une responsabilité ministérielle en Église et qui s'acquitte de cette responsabilité.

On peut espérer que sa part de travail pastoral prendra plus d'importance dans l'avenir, mais il ne semble pas disposé à faire trop d'heures supplémentaires dans ce domaine, à moins d'en être réellement convaincu.

Jean-Michel prend sa part des tâches matérielles, inhérentes à la vie commune de notre équipe composée de huit personnes. Ce n'est pas superflu de le signaler car, quand ça baigne dans l'huile en ce domaine, on évite bien des surchauffes et des aigreurs qui ne proviennent pas toujours de l'estomac.

En conclusion, nous souscrivons pleinement, en tenant compte, des remarques de détails signalées ici ou là, à la demande qu'il vous adresse. Nous sommes heureux de constater qu'il a clairement exprimé les enjeux qui sont les nôtres dans notre situation de prêtres au travail dans une responsabilité territoriale. Il nous semble apte à apporter sa contribution et sa note personnelle à cette tâche bien précise qui est pour nous de contribuer à ce que les chrétiens de Gennevilliers soient un signe d'Église dans ce coin de la région parisienne et parviennent à rendre contagieuse leur foi en Jésus-Christ.

L'équipe des prêtres de Gennevilliers

Lettre de l'équipe d'ACO

Depuis de nombreuses années, des hommes et des femmes ont essayé d'être présents au monde ouvrier en tant que militants chrétiens. Au milieu d'eux et avec eux, des prêtres ont fait ce même choix.

…

Il arrive à certains d'entre nous de douter que cela soit possible, mais l'ordination de Jean-Michel est un chemin d'espérance.

…

Nous nous réjouissons que l'ordination ne les tienne plus à l'écart, mais leur permette d'être témoin de la résurrection de Jésus-Christ, au milieu de notre vie de tous les jours, partageant la lutte, pour construire un monde meilleur, plus juste et plus humain, continuant ainsi la Création.

…

Les organisations ouvrières croient profondément à la libération de l'homme par l'homme, nous partageons cette conviction ; mais notre foi en Jésus-Christ donne sens à cette foi en l'homme. Le fait de se mettre au service des hommes, c'est déjà servir Dieu.

Aujourd'hui est un grand jour, le travail de tous ces hommes et ces femmes partageant l'exploitation des plus humbles au service du Christ est reconnu, puisque Jean-Michel devient un ouvrier prêtre.

Cette prise de position nous remet en cause et nous renvoie à nos propres engagements, que nous soyons père ou mère de famille, que nous soyons religieuses ou prêtres, nous ne resterons pas que des témoins de cette ordination.

Puis il y eut l'expression de l'équipe BTP de Maisons-Alfort.

...

Aucun doute qu'une évolution s'est produite depuis le jour où il arrivait en même temps à la Mission de France et dans notre équipe. Il pensait à ce moment avoir trouvé la solution à son problème : être prêtre en travaillant comme chauffeur poids-lourd. Il pensait alors que tout allait marcher comme sur des roulettes et aller très vite. Rapidement la Mission de France et l'équipe lui posaient un certain nombre d'exigences...

Du passage de Jean-Michel à la CIF (Courriers de l'Île-de-France), nous notons son sérieux dans le travail, dans l'engagement syndical, dans les contacts avec les jeunes qu'il transportait. Des pistes s'ouvraient d'un travail possible avec les jeunes en liaison avec le clergé local. Ces pistes n'ont pas pu être poussées, car « Gennevilliers » pointait déjà à l'horizon. C'est peut-être dommage, pas pour Gennevilliers, mais pour une expérience d'un nouveau style de responsabilité ministérielle et de vie ecclésiale qui aurait pu en sortir !!!

Ceci rejoint d'ailleurs une ligne de fond de ce que Jean-Michel, un temps après son arrivée, a exprimé comme projet : honorer une responsabilité ministérielle en liant très fort un travail sérieux et à plein-temps et une responsabilité par rapport à une communauté chrétienne. C'est cela qui se cherche à Gennevilliers et Jean-Michel semble bien en être heureux.

Notons encore que Jean-Michel a besoin (même si parfois nous lui avons demandé si le cordon ombilical était bien coupé !) de garder un certain lien avec son pays et avec sa famille. C'est une bonne chose que son implantation actuelle ne se situe pas trop loin de son Nord natal. Pourvu que ça dure...

Nous sommes bien d'accord pour que Jean-Michel fasse le dernier pas en demandant l'ordination : ce n'est finalement que la consécration de ce qu'il vit déjà, tout en n'étant qu'un commencement.

Je dois reconnaître avoir été agacé par l'image du « cordon ombilical ». Comme si on avait à faire à une équipe de rabbins très catholiques, voulant à tout prix que le cordon ombilical imaginaire du petit jeune soit sectionné avant son ordination, s'assurant sans doute inconsciemment que son passage de jeune laïc à l'état de prêtre indépendant, sans racine, était bien assuré !

Mais les avis étaient favorables... C'était pour moi le plus important. En dernier ressort, je devais attendre l'acceptation du Conseil d'appel aux Ordres et du responsable de la formation de l'époque.

> *Nous connaissons bien maintenant Jean-Michel et nous avons pu vérifier la solidité de son engagement. C'est un homme du Nord, bien planté sur ses pieds et fidèle à ses racines. Derrière des réactions parfois bourrues ou un premier mouvement qui oscille entre la circonspection et la méfiance, nous avons rencontré un homme sensible, sérieux dans son travail, fidèle dans les solidarités, non dépourvu d'humour.*
>
> ...
>
> *C'est un homme concret qui évolue en fonction des événements et des personnes rencontrées... Il a cependant besoin d'être provoqué, voire aiguillonné pour ne pas s'endormir dans une certaine tranquillité...*
> *À maintes reprises, nous avons pu partager avec lui ce qui structure sa pensée théologique, en particulier cette sorte de respiration entre le « déjà là » et le « pas encore ». Tout en appréciant la solidité de l'armature, nous souhaitons que ce ne soit pas une armure et que Jean-Michel soit prêt à l'ouverture et au renouvellement dans ce domaine comme dans les autres.*
> *L'équipe de formation présente avec confiance Jean-Michel à l'appel des évêques de la Mission de France au ministère presbytéral par huit voix sur huit votants.*

Le Conseil reconnaissait enfin cette dialectique du « déjà là et du pas encore » apportée par l'évangile. Je pensais « dur comme fer » depuis Lille (et je le pense encore !) que le ministère du prêtre était dans l'annonce et le vécu, dans l'anticipation de ce royaume de

Dieu[15] dans laquelle l'homme vivrait enfin en harmonie avec lui-même et son environnement.

Dans l'entreprise, au niveau syndical, j'avais par moments vécu de cette réalité en essayant de changer les rapports des hommes entre eux ; je n'en vivais pas toujours mais j'en voyais bien les prémices, en particulier à travers cette histoire de la classe ouvrière. Cette promesse évangélique avait l'avantage de ne plus être une projection dans un futur lointain, mais une réalité en action pour aujourd'hui. Cela demandait d'intégrer des comportements de lutte, lorsque c'était possible, et de combat permanent. Vivre au quotidien la dialectique des événements, malgré les contradictions, et pouvoir les relire au cours de révisions de vie, c'est y percevoir une situation de transparence spirituelle, ce « déjà là » annoncé par Jésus-Christ. La dialectique entre ce « déjà là » et le « pas encore », se vérifiait entre violence et non violence, entre la vie et la mort, entre mort et résurrection, cela fondait notre histoire et permettait d'accéder à une certaine vérité de notre humanité.

Je retrouve cette pédagogie dans le mouvement de la liturgie de la Messe où l'assemblée se rassemble pour reconnaître d'abord ce qui l'empêche de vivre en frères, pour en demander pardon (le « pas encore »), et pour ensuite célébrer cette présence du Seigneur « déjà là », à travers le partage du pain et du vin. Cette présence toute liturgique mais vitale pour la foi implique déjà « une *praxis* » du partage, un engagement du même ordre dans la vie de tous les jours.

Cette dialectique du « déjà là » et du « pas encore » ne concerne pas seulement toute l'humanité rassemblée, elle s'adresse aussi personnellement à chaque individu auquel la vie est proposée dans les termes de résurrection (d'éveil).

---

15. Métaphore biblique de la promesse d'un grand rassemblement des peuples dans leur diversité pour une terre promise.

La résurrection est souvent exprimée dans un vocabulaire de « nomade » comme passage, itinéraire, chemin, maturation… Ce n'est pas une résurrection des morts qui nous est proposée, mais un « déjà là » résurrectionnel, et même insurrectionnel, dont les signes palpables et avant coureurs sont l'amour, le respect, le pardon, la réconciliation, la tolérance, la justice et la vérité. Des valeurs certes qui font partie du patrimoine de l'humanité mais reprises par le christianisme comme étant les seules valeurs qui sauveront l'humanité.

Cette théologie de la résurrection n'est donc plus une récompense dans l'au-delà mais une faille salutaire, pour aujourd'hui. Elle représente une tension énorme entre l'amour pouvant engendrer l'harmonie et la haine engendrant la destruction et la mort.

Année 1979

9

Une célébration étonnante

L'ordination eut lieu le 24 juin 1979 : l'aboutissement d'un itinéraire de vingt ans ! Un accouchement… Tout le monde était là, le Nord, la Belgique, les copains de boulot, les chrétiens de Gennevilliers, les copains de la Mission de France, et… Dieu aussi ?

Ma relation avec Dieu avait beaucoup évolué : nous existions l'un pour l'autre mais aussi pour les autres comme dans ce texte biblique où Moïse découvre dans le Buisson ardent « Quelqu'un » dont l'amour ne se consumera jamais, et qui l'enverra par la suite dans la bagarre et le conflit.

Ce Dieu qui fait naître parce qu'il est

Moïse dit à Dieu : « d'accord, mais si je vais trouver les Israélites et que je leur dis : le Dieu de vos Pères m'a envoyé vers vous. Mais qu'eux-mêmes me disent : quel est son nom ? Que leur dirai-je ? Dieu dit à Moïse : « Je suis celui qui est. » et il dit encore : voici ce que tu diras aux Israélites : « Je Suis », m'a envoyé vers vous. »

Pourtant l'écrivain du livre de l'Exode, voulant identifier ce mystère, croit bon de rajouter ce verset suivant pour le peuple :

Dieu dit encore à Moïse : « Tu parleras ainsi aux Israélites : Yahvé, le Dieu… de vos Pères, le Dieu d'Abraham, le Dieu d'Isaac et le Dieu de Jacob m'a envoyé vers vous. C'est mon nom pour toujours, c'est ainsi que l'on m'invoquera de génération en génération. »

Moïse fait tout d'abord l'expérience d'un Dieu qui « fait exister » et qui appelle à « être » : le « Je suis » est identifiable. Un Dieu qui a des racines particulières dans l'histoire parmi le peuple. Ensuite, en s'engageant au côté d'un peuple esclave, Moïse devient à son tour un « Je suis », un auteur, qui prend l'initiative de faire naître un peuple aux multiples libérations. Une histoire se crée. Le « Je suis » de Dieu de l'histoire devient celui de Moïse et de la libération du peuple.

Ce rassemblement pour cette célébration fut pour moi, en quelque sorte, cette prise de conscience de ces différentes entités de Dieu : du « Je suis » de Moïse jusqu'à celle du Dieu de Jésus Christ, transmise par les évangiles et par l'Église institution.

Mais revenons sur terre !

Paul et Hector, les prêtres du secteur nord de Valenciennes qui m'avaient accueilli, et formé, appelaient leur communauté à faire la fête à Gennevilliers :

Une bonne nouvelle !

Bien des gens du secteur ont connu Jean-Michel, pendant les années 73 - 74 - 75, qui tout en poursuivant ses études à Lille a été inséré dans l'équipe pastorale de ce secteur.

C'est plus spécialement en monde ouvrier qu'il s'est senti appelé à remplir un ministère d'Église. Et c'est ainsi qu'il a aidé des jeunes à s'organiser en JOC, qu'il a accompagné des équipes de foyers en monde ouvrier et assuré la catéchèse des jeunes de 11-12 ans.

Répondant à une vocation profonde, Jean-Michel est alors entré en octobre 76 à la Mission de France. Actuellement, Jean-Michel est chauffeur d'un camion citerne dans une entreprise de transport pétrolier, il est rattaché à une équipe de la Mission de France sur Gennevilliers.

Avec des prêtres du diocèse de Nanterre et des religieuses, tous au travail, il assure un service de pastorale… Affronté quotidiennement par son travail à l'incroyance, il se retrouve avec d'autres prêtres ouvriers dans les transports à la recherche d'une autre Église.

C'est pour le service de cette Église en monde ouvrier que Jean-Michel sera ordonné prêtre par Mgr Delarue, évêque de Nanterre et Mgr J. Rémond, évêque de la Mission de France.

Durant l'ordination, deux faits me marquèrent particulièrement. Tout d'abord, l'intervention de Roger Delanoue, mon fidèle compagnon, syndicaliste cégétiste des « CIF », pendant la liturgie de la Parole.

Je voudrais d'abord dire combien je suis heureux d'être parmi vous et je remercie mon camarade Jean-Michel de m'avoir invité et demandé ce témoignage. J'ai connu Jean-Michel il y a 3 ans, en mars 76, lors d'une réunion syndicale CGT, puis proposé aux élections comme délégué du personnel : il a été élu. Depuis, des liens d'amitié se sont tissés entre nous qui ont largement dépassé le domaine syndical. Son activité de syndicaliste fut exemplaire, la justesse de ses analyses nous a permis de faire progresser le niveau de conscientisation de classe des salariés de l'entreprise. Toujours en avant des luttes, nous avons eu 14 jours de grève malgré notre analyse et notre appel à une grève de 24 h.

Prenant en compte toutes ses responsabilités, avec les syndicats, Jean-Michel sut organiser et coordonner l'action, redonner le moral chaque jour aux copains, malgré le refus des négociations de la direction. Dès le départ, je connaissais indirectement les activités religieuses de Jean-Michel, mais ce n'est que progressivement que ce sujet fut abordé entre nous.

Ses activités m'ont permis de connaître une nouvelle forme d'Église où, en plus des paroles, il y a les actes. La présence de prêtres comme lui dans les entreprises auprès des travailleurs, là où ils souffrent le plus, dans une société basée sur le profit, est assez appréciable.

J'ai aussi été voir Jean-Michel à Gennevilliers où j'ai fait la connaissance de ses nouveaux compagnons qui, en plus de leur travail, ont une grande activité religieuse locale. C'est ainsi qu'en septembre 78, Jean-Michel a quitté notre entreprise… J'avoue que cela a été pour nous un grand coup, d'abord pour notre activité syndicale ; cela a été mal compris : trois ans de lutte qui risquaient de s'annuler.

Heureusement, depuis son départ notre activité a perduré et prouve qu'il faut continuer à donner des responsabilités à tout le monde sans discrimination, cela n'empêche que je continue à comprendre difficilement les raisons de son départ.

En conclusion, je voudrais reprendre l'idée de l'introduction, car bien que je ne sois pas croyant au sens qu'il y a un Dieu, je plains pourtant ceux qui ne croient en rien ; personnellement je crois en un monde meilleur pouvant exister sur notre terre. Roger.

Ce témoignage restera gravé…

Puis, arriva le moment de l'imposition des mains. J'étais à genoux. Mgr J. Delarue et J. Raymond, les deux évêques, vinrent m'imposer les mains sur la tête ; ensuite les concélébrants arrivèrent en procession, suivis de tous les prêtres en civil qui étaient dans l'assemblée. Mon garagiste de Douai, Antoine, un ami de la famille, voyant tous ces hommes se déplacer, s'avança lui aussi. Il devait se dire : tous ses copains lui imposent les mains, j'y vais aussi ! Je sentis ses grosses mains calleuses se poser sur ma tête. Tout le monde n'y a vu que du feu ! Il était heureux et moi aussi ! Ce geste est resté dans la mémoire de la famille !

Après la célébration, la fête continua par un repas, dans la joie et la convivialité. Le Nord, les Flamands et les Belges, étaient descendus ! Tous étaient là, pour manifester leur joie.

Je reçus de nombreuses lettres d'amitié, comme celle de Mgr Jenny, archevêque de Cambrai, celle de J. Flayelle, doyen de Saint-Pierre à Douai et celle d'un copain, prêtre marié, qui m'assura de son amitié.

Jean-Michel
Il ne me sera pas possible de participer demain à ton ordination sacerdotale, pourtant je veux que tu saches combien je te serai uni.

Je me suis pleinement retrouvé dans ton « papier » qui exprimait les motivations que j'ai données et que je donne toujours à ma vie.

... Et ma participation à l'Atelier transport m'a permis de faire un bout de chemin fraternel avec toi.

Le fait que ton insertion actuelle et ton ordination soient à Gennevilliers me touche d'autant plus : j'ai participé pendant bien des années à l'effort d'Église que d'autres fournissent aujourd'hui.

Je voulais simplement t'assurer de toute mon amitié et te dire combien j'espère que cet « événement » dans ta vie contribue à l'avenir de l'évangile.

E. Chevalier.

Le soir avant de m'endormir, je me souvins d'une réflexion d'une dame qui me disait : « Quelle belle fête, il y a si peu d'ordinations aujourd'hui ! » Dans ma prière du soir, je posai la question au Seigneur : « Comment cela se fait-il qu'il y ait si peu d'ordinations dans l'Église ? » Après un temps de silence, je crus entendre comme un grand rire.

Dieu qui rit dans la prière, c'est assez rare, pour que je puisse encore m'en rappeler trente-cinq ans plus tard.

1979-1980

10

Et maintenant ?

Les vapeurs festives et mystiques s'étaient vite évaporées. Au quotidien, j'étais toujours livreur de fuel sur un 38 tonnes. Je faisais partie maintenant du « clergé », pour le meilleur ou pour le pire, et pouvais maintenant célébrer l'eucharistie.

Un soir, alors que toute l'équipe dînait, une vieille dame sonna à la porte de notre logement. Je me levai et allai ouvrir : elle me demanda si un prêtre pouvait la confesser. « Bien sûr Madame, entrez donc, dis-je innocemment, je vais voir ! »

Je fis part de la requête à mes collègues autour de la table qui tous, en riant, me renvoyèrent la balle : « Mais tu es prêtre, vas-y donc ! »

Je n'étais pas très à l'aise. Moi, qui n'aimais pas me confesser, me voici tout à coup devenu confesseur. Je faisais partie de ceux qui lavaient plus blanc que blanc. Je reconnais ne pas avoir souvent « distribué » le pardon dans les confessionnaux mais, curieusement, ce sont les pénitents qui m'ont appris ce que pouvaient être la confession et le pardon : essentiellement une démarche et un acte de foi en la vie qui continue.

La confession peut libérer les esprits et nous engager sur un chemin de réconciliation avec l'autre, avec l'aide de Dieu ou des amis ; ce qui est déjà une délivrance. Lorsqu'il est célébré en Église, ce « sacrement de la réconciliation vécue » est bien le signe de notre résurrection, de notre éveil, de notre guérison déjà à l'œuvre.

Prêtre en Paroisse et au travail

À Gennevilliers, je participais à plusieurs groupes de réflexion, en particulier à celui des prêtres ouvriers. Nos thèmes de prédilection : le travail, le sens de nos engagements et les liens avec l'Église. Dans le secteur de la Seine-Saint-Denis, certains prêtres ouvriers avaient participé à la construction des grands barrages hydroélectriques dans les années 1960. Je pense à Jacques Vivez ou à Bernard Striffling et Gabriel Genthial, figures impressionnantes de prêtres ouvriers dans les travaux publics.

Dans l'un des ateliers des prêtres ouvriers de la Mission de France, nous réfléchissions sur le *marxisme.* La plupart d'entre nous étaient mêlés dans les bagarres syndicales et avaient besoin d'un outil d'analyse, pour pouvoir donner un sens politique et citoyen à ce que nous faisions. Le marxisme représentait pour nous l'outil le plus approprié, même s'il fallait le manier avec beaucoup de précautions pour comprendre les réalités sociales qui étaient en jeu et faire le lien entre la *classe ouvrière* et les évangiles.

Voici le type de questions sur lesquelles nous réfléchissions :

Quelles transformations se sont opérées dans nos manières de vivre la foi et le ministère, sous l'impact du marxisme ?

À quelles attitudes, options et choix, avons-nous été conduits ?

Dans nos choix politiques, quel poids l'Évangile a-t-il ?

Où en sommes-nous dans nos efforts pour trouver un langage de la foi dans une autre culture ?

Chacun faisait l'expérience des idées développées par le marxisme sur son lieu de travail. La *lutte des classes* dans les entreprises était pour nous une situation de fait ; au mieux, nous avions à lutter contre une forme de paternalisme des patrons dans les petites boîtes, où rarement le code du travail était respecté. Malgré nous, nous étions la plupart dans le sillage du marxisme.

L'un de nous disait :

Je travaille dans un milieu d'informaticiens : il y a peu de militants communistes, mais je vis des réalités marquées par le marxisme, même si on ne s'y réfère pas de manière précise : rapports de lutte de classes ou exploitation de l'homme par l'homme. Pourtant l'analyse des copains de leur milieu de travail est marquée « inconsciemment » par les analyses marxistes.

Adhérer au parti communiste n'allait pas de soi pour nous prêtres ouvriers : il y avait autant d'arguments pour que contre. Plusieurs d'entre nous étaient engagés au parti socialiste, aucun d'entre nous dans un parti de droite. La plupart avaient conscience de l'outil intéressant qu'était le marxisme pour comprendre la réalité de l'économie dans le monde du travail, mais aussi des limites inhérentes au système communiste.

Cette économie, fondée sur un libéralisme sauvage, rendait l'homme esclave de la logique du profit et exploitait, de façon perverse et industrielle, l'homme et la nature. Le fossé n'allait cesser de s'élargir entre les riches, de plus en plus riches, et les pauvres, de plus en plus pauvres. Quelle réponse apporter au nom de l'évangile pour refuser ces injustices ? À travers toutes ces réflexions, je pensais vraiment le bien-fondé d'un dialogue entre christianisme et marxisme.

Mon ordination, loin d'être l'aboutissement d'un itinéraire initiatique, fut plutôt la prise de conscience de ce que pouvait être une vie d'homme et de croyant en marche vers l'infini. Avec un peu de recul, je mesure mieux la vocation et le rôle formateur de l'Église dans toute sa diversité, permettant aux charismes de chacun de pouvoir exprimer la complexité et la richesse de la mission d'annoncer la bonne nouvelle à toutes les nations.

Année 1981

11

L'épreuve de la mort

Le 24 janvier 1981, mon ami Roger Delanoue et sa femme Ghislaine se tuèrent en voiture à cause du brouillard. Seule leur petite fille qui se trouvait à l'arrière du véhicule échappa à la mort. En apprenant la mort accidentelle de celui qui m'avait initié au syndicalisme et de son épouse, je fus effondré, abattu et démuni : mourir ainsi, cela n'a pas de sens !

Le lendemain, j'allai voir les parents de Roger, militants au PC, puis ceux de Ghislaine, croyants en Dieu et au ciel. Leur douleur me fut très dure à supporter ; c'était la première fois que j'étais touché de très près par la perte d'amis. Roger, militant au PC et à la CGT, était athée et Ghislaine avait perdu la foi de son enfance ; leur enterrement fut donc civil. Souffrance supplémentaire pour la famille de Ghislaine qui fit mettre quelques images pieuses et un chapelet dans le cercueil de Ghislaine. Ses parents me proposèrent de réciter une prière au moment de la mise en terre : un *Notre Père*. Et les parents de Roger me demandèrent de dire un petit mot au cimetière en tant qu'ami et ancien élu CGT des « CIF ».

Faire mémoire de notre vie militante avec Roger me paraissait la moindre des choses, mais dire une prière devant une assemblée qui n'était pas forcément venue pour prier me rendait malade.

Le jour J arriva… Un vrai jour d'enterrement : il faisait gris, humide et froid. Le cimetière était situé sur une légère pente ; les gens arrivaient par petits paquets et se groupaient autour d'un grand trou noir assez large pour recevoir les deux corps côte à côte. À mon tour je m'approchai de ce trou, il me paraissait énorme. Le ciel d'hiver laiteux ne faisait que ressortir la béance de ce trou. Puis arrivèrent les deux cercueils portés par les croque-morts qui déposèrent lentement leurs fardeaux sur deux madriers, placés en travers, au-dessus du trou. Puis s'approchèrent les familles se plaçant lentement autour des cercueils. Des amis continuaient toujours à arriver. Nous étions bien un demi-millier. Puis ce fut le silence écrasant.

Le responsable de la cellule du PC à laquelle appartenaient Roger et Ghislaine prit la parole, suivi du maire de la commune, puis ce fut la mienne en tant qu'ami, ancien délégué syndical des « CIF » et prêtre ! J'ai retrouvé mon intervention :

Je le retranscris ici pour mémoire en hommage à leur vie.

Chers amis, vous tous ici présents,

Certains me connaissent comme prêtre, mais c'est aussi comme ami personnel de Roger et de Ghislaine que je tiens à exprimer ma tristesse et en même temps ma révolte devant une mort aussi brutale et absurde. J'ai connu Roger, il y a presque 5 ans, lors d'une réunion syndicale CGT d'entreprise, lui était mécano et moi chauffeur. Ensemble nous avons lutté et milité, des liens d'amitié se sont tissés entre nous et qui ont largement dépassé le domaine syndical.

À ce titre, j'ai beaucoup apprécié Roger pour son dynamisme à lutter contre toutes les injustices, contre l'exploitation de l'homme par l'homme, Roger était un passionné. Il n'avait pas peur de discuter, d'argumenter pour expliquer le sens de la lutte aux travailleurs. C'est parce que Roger était un passionné de l'Homme que bien vite ses camarades lui demandèrent de prendre des responsabilités de plus en plus grandes et que Roger sut prendre de l'envergure, tant au point de vue syndical que dans le Parti dans lequel il militait activement.

Mais dans ce combat, Ghislaine avait aussi toute sa place, elle a pris sa part, et une part importante dans la lutte. Sans doute était-elle effacée, plus réservée, mais elle était toujours présente là où il le fallait, prenant au sérieux son adhésion au parti communiste, elle cherchait elle aussi la Vérité.

Oui, décidément, Roger et Ghislaine n'étaient pas faits pour mourir si jeunes. Et pourtant je suis persuadé que leur disparition physique n'est pas la fin de leur existence, Roger et Ghislaine continuent de vivre autrement. C'est vrai, Roger n'était pas croyant : je me rappelle d'ailleurs une phrase qu'il avait dite dans l'Église de Gennevilliers à l'occasion de mon ordination, il y a presque deux ans de cela : « Je ne suis pas croyant », disait-il, « au sens qu'il y a un Dieu, mais pourtant je plains ceux qui ne croient en rien, pour moi, je crois en un monde meilleur pouvant exister sur terre. »

Et c'est bien pour cela que Roger et Ghislaine ont donné leur vie. Et c'est bien parce que nous y croyons nous aussi à ce monde plus juste que Roger et Ghislaine n'ont pas disparu, et ne disparaîtront pas de nos mémoires. Pour terminer, j'aimerais redire à la famille de Roger et de Ghislaine, en reprenant d'ailleurs une phrase du papa de Roger : c'est vrai, vos enfants sont morts jeunes, mais ils ont fait du beau et bon travail, et cela nous redonne le goût de vivre et de reprendre le flambeau qu'ils nous ont laissé.

Mais le plus dur restait à faire ! Tenir la promesse faite aux parents de Ghislaine et dire le *Notre Père* que j'avais même écrit sur un morceau de carton, craignant d'être submergé par l'émotion. Au moment de la mise en terre, profitant du moment de silence, je repris la parole pour dire à peu près ceci : « Comme dernier adieu, la famille de Ghislaine qui est croyante m'a demandé de dire un Notre Père ; ainsi donc avec tous les chrétiens ici présents nous osons dire notre foi en ce Dieu qui est Père ».

Je sortis discrètement mon petit carton de la poche, et raclant la voix, je commençai seul à réciter cette prière : ***Notre Père qui es aux cieux***… L'assemblée, qui semblait noyée dans la torpeur, réagissait soudain, et ce qui n'était qu'un murmure, couvrait déjà ma voix dès le ***que ton nom soit sanctifié***. Elle continua avec une puissance étonnante, ***que ton règne arrive***, avec une chaleur incroyable qui vous prenait aux tripes, ***que ta volonté soit faite sur terre comme au ciel***, avec une force que j'avais rarement éprouvée dans une assemblée, ***pardonne-nous nos offenses***. Dès lors, je n'avais plus besoin de papier ni de carton, ***comme nous pardonnons aussi à ceux qui nous ont offensés***, conscient d'être un homme de peu de foi alors que j'étais prêtre, ***mais délivre-nous de tout mal***. Je fus transporté, presqu'en pleurs, par cette foule devenue assemblée en prière.

Je pense que ce jour-là le ciel s'était mêlé à la terre pour nous dire à tous, croyants et incroyants, que Roger et Ghislaine demeuraient encore vivants. Cette assemblée m'avait rappelé à ma vocation : être l'homme de la prière et annoncer la Bonne Nouvelle.

1982-1983

12

Envoyé dans les BTP

Octobre 1982 : j'étais licencié pour raison économique de chez « SOFRET ». La boîte sera fermée quelque temps après.

Le 26 octobre, je retrouvai du travail chez « SEPUR », petite boîte qui entretenait les bacs de décantation des eaux usées de cuisine, en particulier dans les restaurants et cantines d'entreprises de Paris. Ce boulot ne me plaisait pas trop et l'entreprise était trop petite. Rapidement, je cherchais un autre boulot. Je trouvai un poste de chauffeur à la RATP, mais dans la région sud-est de Paris, trop éloignée de notre résidence. L'équipe de prêtres n'était pas d'accord. Puis un poste de conducteur de grue mobile, avec un stage de formation payé par l'entreprise qui impliquait le déplacement pour la semaine. Refus aussi de l'équipe !

Début 1983, je négociai avec la Mission de France pour quitter Gennevilliers et être nommé dans une de leurs équipes « socio-professionnelles » (les marins, l'hôtellerie ou les BTP). Ces équipes étaient composées de prêtres ouvriers itinérants qui se déplaçaient au gré de leur travail. Mgr Jean-Rémond, responsable de la Mission de France, me donna rapidement son accord pour que je puisse rejoindre l'équipe des B. T. P. (Bâtiment et Travaux Publics).

Je connaissais un peu les membres de cette équipe, mais maintenant j'allais partager leur vie et leur histoire.

Cette histoire avait commencé en 1971, lors d'une prise de conscience conjuguée des responsables du Prado et de la Mission de France. Noël Le Saout, responsable de l'équipe centrale de la

Mission de France et G. Arnold du Prado avaient sollicité quelques-uns de leurs collègues (R. Caclin, A. Bousquié, M. Marchal, P. Plantevin et M. Claude pour la Mission de France et M. Rager, J.Guélier et J.-C. Bonnaud pour le Prado), afin d'assurer une présence d'Église dans le milieu du Bâtiment et des travaux publics.

Cet appel était dans le droit fil des équipes de prêtres ouvriers investis sur des grands chantiers (les barrages dans les Alpes et aussi sur le Rhône avant 1954).

Dès 1972, des prêtres s'embauchaient dans de grandes entreprises, sur les chantiers importants de l'époque. Premier grand chantier « à l'essai » en Maurienne, pour trois d'entre eux : construction d'un complexe hôtelier et station de ski à1 850 m d'altitude.

Ce fut le choc : conditions de travail et de vie déplorables : « C'est pire qu'à Cayenne ! raconte l'un deux (R. Caclin), 72 heures de travail par semaine... Certains travaillent le dimanche matin ; on loge à sept dans une chambre. Alcoolisme chronique ! Le nombre de nationalités représentées crée évidemment des divisions (Portugais, Nord-Africains, Italiens, Turcs, Français). »

Cette expérience, bien que difficile, ne fit que renforcer les convictions de l'équipe :

- Le souci du monde émigré : 40 % des travailleurs étrangers s'y trouvent.

- Une présence aux « déportés du travail », à la précarité, aux travailleurs en déplacements (près de 4 millions en France).

- La conscience forte qu'il s'agit d'un acte d'Église en mission et non la fantaisie d'un groupe.

- Le constat que la Rédemption et la Libération se continuent dans ce monde dont l'Église est particulièrement absente.

- L'importance à ce que cette équipe des travaux publics se situe dans l'Église à un plan national et international.

Par la suite, d'autres copains vinrent s'y greffer : C. Genoux et J. Laffitte au tunnel sous la Manche, en maniant le marteau-piqueur dans des galeries sans cesse submergées d'eau ; M. Flatet à la centrale nucléaire de Dampierre-en-Burly ; J.-C. Bonnaud et P. Plantevin à la centrale nucléaire du Blaye ; R. Caclin travaillera par la suite à la construction de l'aéroport de Roissy ; M. Claude fit un stage d'électricien dans le Bâtiment et travaillera dans la région de Port-de-Bouc ; D. D. Bousquié, maçon coffreur chez GTM dans le Sud du pays ; M. Gendronneau, maçon coffreur en région parisienne, à Lyon puis en Algérie et en Arabie Saoudite ; A. Favart du côté de Marseille. Entre les années 75 et 90, l'équipe attira beaucoup de vocations et accueillit des jeunes en formation : J. Toussaint, J.-M. Spychalowicz, Y. Petiton ; A. Brager, J.-P. Fouilleul et A. Favart qui feront ensuite partie de l'équipe ; puis W. Vandenberg et P. Salaün.

1973. Création d'un atelier BTP pour réfléchir avec d'autres chrétiens engagés l'annonce et le vécu de l'évangile dans ce monde du travail. Chaque groupe était constitué d'une quinzaine de personnes, surtout des prêtres dans un premier temps. Quelques années plus tard, des couples de laïcs viendront s'y greffer durablement.

1983 fut une année charnière et de restructuration. On décida de garder l'équipe de Paris et une équipe plus jeune aux environs de Valence, secteur facilement accessible où il y aurait encore suffisamment du travail pour tous. L'idée était de trouver une grande maison qui servirait de pied-à-terre aux itinérants de l'équipe et de lieu d'accueil pour les copains de boulot de passage. A. Bousquié, récemment en retraite, tiendrait la maison et serait notre « notre père hôtelier ». Nous étions en tout une bonne dizaine avec les expatriés : M. Rager travaillait pour le métro du Caire ; Marcel Marchal construisait le barrage Al Massira au Maroc ; Albert Grimaux resterait notre théologien.

Fin juillet 1983, j'assistais donc à ma première réunion BTP à Maisons-Alfort avec une lettre de démission pour l'évêché de Nanterre et une lettre de mission pour les BTP, signée J. Peltier, secrétaire général de la Mission de France.

La mission qui lui est maintenant confiée le conduira à vivre dans des situations fort différentes. Il connaîtra le nomadisme des ouvriers des grands chantiers, des conditions de travail souvent éprouvantes.

L'équipe centrale est heureuse de cette orientation nouvelle pour Jean-Michel. Elle permet de donner son poids d'espérance à une équipe de jeunes prêtres engagés dans les BTP. Ainsi nous pouvons continuer de prendre notre part dans l'effort de présence de l'Église au milieu et au service des plus pauvres et, en particulier, des travailleurs immigrés…

1983-1984

13

Conducteur de pelle

Le 22 août 1983, je quittai la société « S. E. P. U. R », et demandai à l'ANPE un stage pour être conducteur de pelle ! La demande fut acceptée dans le cadre de la reconversion. Le 5 septembre, je partis à Égletons pour six mois, tout en revenant les week-ends. Un tout autre métier ! Mais les pelleteuses me passionnaient autant que les camions. Je découvris avec curiosité le fonctionnement des moteurs hydrauliques comme source d'énergie pour les vérins des engins et de leur translation. Découverte aussi de l'utilisation de l'air comprimé pour certains outils et aussi engins de chantiers comme les foreuses.

Le 17 Février 84, je déménageai à Bourg-les-Valence, dans la Drôme. Cette fois, j'étais bien loin du Nord. Je retrouvai Michel G., premier arrivé, puis André Bousquié. Nous vivions dans un logement HLM en attendant de trouver mieux. Michel G., originaire de Vendée, était maçon, ouvrier intérimaire en région lyonnaise et en pourparlers pour partir travailler en Algérie ; J.-P. Fouilleul travaillait dans le Sud, à Gardanne, comme foreur mineur ; J.-C. Bonnaud était sur Marseille ; Arnaud Favart se trouvait du côté de Bordeaux.

Février 1985 : fondation de la Maison des BTP à Guilherand-Granges

André Bousquié et moi quittions l'HLM de Bourg-les-Valence pour nous installer à Guilherand-Granges. Nous avions trouvé, avec l'aide de Jean-Marie Grangeon, un presbytère vacant, susceptible d'accueillir notre projet de créer un lieu de rencontre et d'animation dans la mouvance du métier des BTP. À ce propos, Bébert Grimaux, notre théologien d'équipe, écrivait ceci :

> *Cet ancien presbytère, avec la compétence d'André Bousquié et le concours des résidents, sera transformé en maison d'accueil pour nous, nos familles, nos copains de boulot et nos amis. Cette maison des BTP est aussi un lieu privilégié pour communiquer notre passion aux jeunes qui pourraient se poser la question du ministère.*

André B. était aussi engagé dans la paroisse comme prêtre associé en lien avec les prêtres du secteur de Guilherand.

Revenu d'Égletons avec un CAP de pelleteur en poche, je me mis à rechercher du travail pendant quatre mois. J'en profitai pour donner un coup de main à Dédé pour retaper la maison de Guilherand. Michel Gendronneau partait alors travailler en Algérie.

C'était la première fois que j'étais confronté aussi longtemps à l'épreuve du chômage. Même si, comme prêtre, j'étais occupé, cette situation m'était difficile : le chômage me laissa un goût bizarre, le sentiment d'inutilité et d'exclusion dans une société riche n'ayant plus besoin de l'ensemble de ses citoyens pour vivre.

Force est de constater que trente ans après le problème ne fait qu'empirer, et que rien n'a bougé. Le chômage est devenu une institution et un mode de régulation de l'économie moderne. De plus en plus d'hommes et de femmes ne peuvent même plus vivre de leur travail. La guerre économique élimine les moins bons, les jeunes et les plus vieux. Une société libérale, brutale et sauvage est en train d'émerger. Une société qui nous est présentée comme inéluctable et moderne, alors même qu'elle met hors de course des millions de gens. Un quart de la population active n'existe plus ; les jeunes deviennent de plus en plus assistés par leurs parents : l'avenir n'appartient qu'aux compétiteurs !

Le schéma exploiteurs/exploités s'estompe et devient plus flou : la classe ouvrière ne revendique plus son identité, ou pire, elle n'existe plus. Maintenant, on distingue ceux qui travaillent et ceux qui ne travaillent plus !

Bien qu'inconfortable, cette traversée du désert me laissa le temps de retrouver quelques bribes de l'histoire de ces prêtres ouvriers qui voulaient changer l'Église et la société. Moi qui commençais mon ministère de prêtre ouvrier sans boulot et par le chômage, je pris le temps de relire leur histoire.

14

Une histoire d'Église : celle des prêtres ouvriers

L'histoire des prêtres ouvriers prend racine[16] avec le développement au siècle dernier de l'industrie lourde, gourmande en main-d'œuvre ouvrière, peu formée et presque docile. On assiste au développement des villes autour des grosses entreprises qui aspirent de plus en plus une main-d'œuvre rurale, pauvre, mais encore chrétienne. Peu à peu cette population, mal logée et affrontée à des conditions de travail inhumaines, perd ses racines chrétiennes et s'éloigne d'une Église catholique qui tend à s'embourgeoiser, plus proche des riches et des notables et peu attentive aux conditions de la vie ouvrière.

En 1927, on assiste à la naissance de la Jeunesse Ouvrière Chrétienne (JOC), qui s'inspire d'une expérience venue de Belgique. Ce mouvement va aider l'Église à comprendre le malaise ouvrier. Des prêtres (aumôniers dans ce mouvement) prennent conscience d'une Église à deux vitesses.

Durant la deuxième guerre mondiale, de nombreux prêtres et séminaristes sont envoyés par leur évêque au service du travail obligatoire en Allemagne (STO). Ils vont faire une expérience essentielle : celle de partager les souffrances de leurs compatriotes. Ils devront vivre l'évangile dans ces lieux difficiles que sont les camps de prisonniers ou de déportation, et apprendre à côtoyer

16. *Stratégies catholiques en monde ouvrier dans la France d'après-guerre,* de Robert Wattebled, Paris, 1990.

Prêtres-Ouvriers : 50 ans d'histoire et de combats, de René Poterie et Louis Jeusselin, Paris, 2001.

Prêtres et ouvriers : Une double fidélité mise à l'épreuve, de Claude Suaud et Nathalie Viet-Depaule, Paris, 2004.

des hommes et des femmes d'opinions différentes (socialistes, communistes, « ceux qui croyaient au ciel et ceux qui n'y croyaient pas »). Tout cela sans privilège, sans soutane et sans église.

À la fin de la guerre, la plupart des séminaristes et des jeunes prêtres rentrés en France sont complètement transformés. Leurs analyses sont similaires avec celles d'un livre paru en 1943, *France pays de mission,* dans lequel les auteurs, Henri Godin et Yvan Daniel, interrogent les responsables de l'Église en évoquant la déchristianisation croissante de la France et en faisant le constat d'un mur qui sépare l'Église de la classe ouvrière.

En janvier 1944, le cardinal Suhard, évêque de Paris, institue la Mission de Paris avec pour objectif de casser « ce mur » afin de « rendre au Christ les foules qui l'ont perdu ». Ainsi certains prêtres, triés sur le volet, sont libérés de toute tâche paroissiale pour consacrer leur temps aux ouvriers.

En 1949, un jeune prêtre polonais vient en France visiter le mouvement des prêtres ouvriers. Il sera interpellé par cette expérience et fera le commentaire de sa visite, avec un nom d'emprunt, dans l'une de ses premières chroniques dans un journal polonais. Ce jeune n'est autre que le futur pape Jean-Paul II.

En 1954, dans le contexte de la guerre froide, Pie XII décide l'arrêt brutal de cette expérience des prêtres ouvriers[17] en leur demandant de se retirer des usines. Ils sont une centaine. L'Église craint entre autres leur imprégnation par le Parti communiste français. Voilà comment le journal *l'Humanité* commente la décision dans ses colonnes du 17 Septembre 1953 :

> *... La hiérarchie ecclésiastique a pris la décision d'arrêter le recrutement des prêtres ouvriers. Il se peut que prochainement, tous les prêtres ouvriers soient invités à quitter les usines pour redevenir prêtres tout court.*

---

17. *Prêtre-ouvrier insoumis,* de Jean-Marie Huret.

L'Église tend ainsi à mettre fin à une expérience dont elle avait pris l'initiative voici une dizaine d'années : elle estimait qu'il lui serait profitable de placer au contact direct de la classe ouvrière de jeunes prêtres issus de la bourgeoisie ou de la petite bourgeoisie qui devaient mener la vie même des ouvriers. Elle pensait trouver là un bon moyen de faire pénétrer sa politique au sein de la classe ouvrière.

Mais il semble que ce contact étroit avec la classe ouvrière n'ait pas donné les résultats qu'attendait la hiérarchie catholique.

Les prêtres ouvriers ont, au contraire, été amenés à se poser et à poser eux-mêmes à leurs supérieurs des questions peu compatibles avec les intérêts du grand capital, dont la hiérarchie catholique est le soutien fidèle.

C'est pour cette raison sans doute que l'Église préfère y renoncer.

Trois mois après la rupture, des prêtres ouvriers sont allés régulièrement à Rome pour faire valoir l'urgence et l'importance de la voie qu'ils avaient ouverte. La plupart obéissent et démissionnent de leur emploi mais quelques-uns restent dans leur entreprise, désavoués par la hiérarchie catholique. Je pense que cette décision surprenante a conforté beaucoup d'ouvriers dans l'idée que l'Église n'était pas faite pour eux.

En 1965, retournement de situation. Paul VI, avec l'éclairage du concile Vatican II, autorise à nouveau le travail aux prêtres dans les chantiers et les usines. En 1960, le pape Jean XXIII avait déjà confié à une petite délégation de prêtres ouvriers venus le trouver : « Je vous comprends, mais dans les circonstances présentes, je ne peux pas vous le permettre. Cependant, j'ai convoqué un concile. Celui-ci et mon successeur feront ce que je ne peux faire. »

Ce concile Vatican II, aux allures prophétiques, apporte un nouveau regard de l'Église catholique sur le monde. Sortant de ses certitudes indiscutables, il affirme que l'Église n'a pas le monopole de la rencontre de Dieu, qu'il y a un chemin de vérité pour tous les êtres humains, que l'Église est le peuple chrétien tout entier (elle ne se limite pas seulement au pape, aux évêques et aux prêtres) et qu'elle doit annoncer la bonne nouvelle en priorité pour les pauvres. Pour s'acquitter de cette mission, elle doit rester elle-même pauvre et servante.

Le 15 octobre 1965, une lettre de la congrégation du Saint-Office est adressée à Mgr Veuillot, l'informant que les prêtres peuvent à nouveau travailler en milieu ouvrier sous certaines conditions, d'une manière très limitée et fort discrète… (Cf. la brochure : *La Mission de France ; Repères historiques 1941-2002 P 195-196* consultable sur le site internet de la Mission de France). Le 23 octobre, les évêques français, unanimes, redonnent vie officiellement aux prêtres ouvriers.

Cette décision et ce retournement montrent bien l'évolution de la pensée de la hiérarchie catholique au sujet du concept même de « mission ». Avant le Concile, la mission s'apparente à une forme de prosélytisme : « faire chrétiens nos frères ouvriers », c'est-à-dire les « catholiciser » selon un certain modèle préétabli, en « infiltrant » la classe ouvrière. Avec le Concile apparaît le concept « d'acculturation ». Je vous livre les conclusions, parues sous le titre *Ministère et militance*, d'une assemblée générale, à Pentecôte 1981, à propos de notre présence dans le monde ouvrier :

> *Compte tenu de l'importance des fossés culturels, de la diversité des modes de vie entre l'Église et la classe ouvrière, si l'Église veut dire quelque chose de Jésus Christ, elle doit d'abord l'apprendre des hommes que nous côtoyons. Elle ne pourra proposer Jésus-Christ qu'en accueillant le projet des autres… encore faut-il que l'appel soit adressé dans la « langue maternelle » de chacun. Quelques-uns d'entre nous ne jouent leur existence que dans cet accueil de la dynamique des autres.*

Ainsi, la réalité ouvrière elle-même, et la pratique des premiers prêtres ouvriers ont obligé l'Église de revoir sa manière de vivre la mission. Cette crise aura eu le mérite d'éclairer l'intuition de départ, qui reste toujours la même : annoncer la Bonne Nouvelle de Jésus Christ dans toutes les couches sociales de la société. En

1970, je côtoyais des prêtres employés dans tous les secteurs : ouvriers, chercheurs, médecins, paysans, en responsabilité paroissiale, etc. J'avais conscience de vivre dans une communauté ecclésiale ouverte, diversifiée, missionnaire, engagée, et susceptible de nous ouvrir à cet universalisme difficile de l'Église.

Année 1984

15

Première pelleteuse !

Le 19 mars 1984, je trouvai enfin du boulot à Bonneville, dans une petite boîte de travaux publics et VRD (Voirie et Réseaux Divers), à 200 km de Guilherand. À l'époque, pas d'autoroute : six heures de « bagnole » chaque semaine... Je fis connaissance de Pierre Miot, un prêtre ouvrier, facteur, engagé à la CGT... Tout pour plaire ! Je trouvai un logement au foyer *Sonacotra*, à la Roche-sur-Forons, juste derrière l'HLM de Pierre.

Un mois après mon embauche, on vola ma voiture, stationnée juste en bas du foyer. Plus rien pour aller au boulot ! Panique à bord ; coup de téléphone à la boîte, plainte à la gendarmerie... Heureusement, Pierre me prêta sa voiture, une 4L, pour aller à mon boulot !

Je racontai l'affaire aux copains du boulot et l'un me dit : « Tu vois, on te l'avait bien dit qu'au foyer tu te ferais poinçonner par les Rats[18] ! » Quelque temps après, je reçus un papier de la gendarmerie me demandant de venir chercher ma voiture à la fourrière de Toulon. Le voleur était un bon Français de La Roche-sur-Foron, venu se servir sur le parking du foyer pour faire une virée sur la Côte d'Azur. Je me rappellerai toujours de son prénom parce qu'il était assez évocateur pour moi : « Ange » ! ...

Après avoir récupéré la voiture, je la revendis à un copain et rachetai une Visa diesel. Ce fut le commencement d'une longue

18. Arabes ! *sic* !

série de voitures achetées et rapidement usées : au total 14 voitures en 30 ans ; plus d'1 million de km, sans compter ceux parcourus en camion ou en bus !

Voici ce que j'écrivais de cette première expérience de travail.

Au boulot, c'est le dépaysement complet, chantier en montagne, certes ; mais bien qu'embauché comme conducteur de pelle, je fus pendant deux mois conducteur de pelle à manche (appelé aussi mandoline !), de pioche et de balai (les routes ça se balaie !) J'ai dû apprendre aussi à travailler avec d'autres, en équipe, ce qui me change de mon boulot de routier. C'est neuf, surtout lorsqu'on ne connaît pas grand-chose au métier et que l'on dépend de l'équipe. Cela passe par les engueulades ! S'écraser… Bref, l'apprentissage de l'humilité.

Au travail, je suis confronté au racisme verbal violent des Français… Pour se rendre sur les chantiers, on monte dans une 504 camionnette bâchée. On s'est organisé pour aller chacun son tour à l'arrière où il fait froid et où les gaz d'échappement piquent au nez et aux yeux ; et cela malgré les conseils du chauffeur, chef de chantier, qui voulait que les Turcs restent derrière et moi devant.

Depuis, ils m'appellent le « socialiste », parce que « c'est bien à cause des socialistes qu'il y a la merde en France ! » Je trouve l'ambiance pas terrible avec les petits chefs, ils sont quatre. Tout se rapporte au patron, tout se sait et se surveille ; pourtant, il faut bien respirer ou discuter !

Pourtant, c'est bien sur ce terrain-là que je suis prêtre et que je vis l'espérance. Devenir compétent professionnellement pour être crédible… C'est l'action microscopique et individuelle, un peu fleur bleue. Il me manque la dimension de la lutte de mon organisation syndicale.

Là où je me sens le plus à l'aise c'est dans la rencontre des immigrés au foyer, surtout avec des Turcs. Peu de vocabulaire pour communiquer, mais un accueil chaleureux par les copains turcs que je retrouve au travail. Au début, c'était à celui qui me prêterait l'assiette, le verre. À table, nous partageons le repas, nous buvons le thé… et nous essayons de parler : leur retour au pays, le chômage, la paye, les patrons, et aussi la famille qui est loin, et les femmes ! Il m'arrive d'écrire leurs lettres administratives. Dernièrement, ils m'ont élu délégué au comité de résidents.

Au début, au foyer, j'étais effectivement sur la défensive et la méfiance, mais ils m'ont montré l'exemple du partage. Je rêve toujours d'un monde nouveau à bâtir : il se crée chaque fois que j'accepte de voir en l'autre un frère.

1985-1986

16

Difficile apprentissage…

Neuf mois plus tard, j'étais viré de la boîte : incompétent au boulot ! De nouveau au chômage pendant 5 mois… Après cette première expérience dans les travaux publics, j'étais persuadé que le travail sur le terrain est la meilleure des écoles. Le stage à Égletons m'avait appris à conduire une pelle, mais pas à travailler avec. J'avais presque 40 ans et sur le plan des compétences, j'étais bien loin de ceux qui étaient sur le terrain depuis l'âge de 16 ans. Je n'étais pas à mon compte mais envoyé par l'Église ; il fallait persévérer pour être reconnu dans un métier qui n'était pas le mien, puisque j'étais routier ! Cet échec me fit réfléchir sur le sens du mot « incarnation » : Dieu *s'est incarné* dans le monde par son Fils. Au-delà des idées et des théologies transmises par les écoles, il y a « l'intégration », la « mise en expérience » de ces concepts et leur vérification sur le terrain.

Le mot *praxis*, bien qu'il soit d'origine marxiste, prenait toute sa dimension et venait de plus en plus contester certaines affirmations de mon *credo*, souvent affirmées sans intelligence au cours de la messe. Le premier lieu d'expérimentation de cette contestation est bien sûr le travail, avec des répercussions jusqu'à la frontière du spirituel. Ainsi donc, que pouvaient encore signifier ces paroles : « Je crois en Dieu le Père tout puissant, créateur du ciel et de la terre, de l'univers visible et invisible », alors que j'expérimentais le pouvoir écrasant de l'homme, créateur et destructeur à travers ses machines et son argent ? Face à la fragilité, le Dieu de Jésus Christ prenait toute sa place : un Dieu écoutant, souffrant, du côté du faible et de l'opprimé.

Où était la vérité ? Par quelles pratiques ce Dieu de Jésus-Christ se laisserait-il de nouveau découvrir ? Ce temps de recherche et de pause forcée fut aussi l'occasion de retrouver les racines de cette Mission de France[19].

Souvent, ceux que je rencontrais confondaient Mission ouvrière, prêtres ouvriers, et Mission de France ; bien que ces familles d'Église se soient parfois opposées l'une à l'autre, leur mission et leur naissance sont à situer aux mêmes époques, à partir des mêmes constats et des mêmes intuitions.

Le 10 juin, je retrouvai du boulot dans une autre boîte, à Chedde-Le Fayet, toujours en Haute-Savoie. J'eus un contact très fraternel avec le curé du coin, Pierre Baud, et les sœurs du Fayet qui m'ont bien aidé à tenir le coup. Je louai une chambre à Sallanches. Malgré mon manque d'expérience, je réussis à tenir quatre ans. Je participai aux réunions de l'équipe des prêtres ouvriers de la région ; je retrouvai Pierre Miot, toujours facteur et militant CGT, puis André Cerutti, Joseph Rey, Ulysse Jolivet, Gérard Cruz-Mermy, Jean Véra, Dominique Blanchet...

Les hivers étaient pénibles et dangereux, surtout le week-end, sur les routes enneigées et verglacées. L'hiver, on travaillait dans la vallée moins enneigée, mais dans le froid, l'humidité et le brouillard.

5 Août, j'étais envoyé à Ouzouer-le-Marché au sud de Paris. Nous devions réaliser un golf de 18 trous ; j'étais sur une pelle munie d'une disqueuse au bout du balancier et je devais découper le goudron d'une route !

Avril 1986, j'étais transféré à la Grande-Motte pour créer un autre golf à 18 trous. C'était un boulot intéressant : on remaniait le terrain sur une centaine d'hectares, creusant des lacs, faisant

---

19. *Une histoire de la Mission de France,* de T. Cavalin et N. Viet-Depaule, éd. Karthala (les 3 premiers chapitres), ou le site internet de la Mission de France.

surgir des collines sous l'œil attentif des paysagistes, accompagnés par le chant des cigales.

C'était à cette époque que l'équipe des prêtres des BTP s'était risquée à rédiger un texte prophétique sur la question de l'avenir du ministère des prêtres ouvriers sous la houlette d'Albert Grimaux.

Dans une église qui semble s'éloigner de Vatican II, (…) le ministère des prêtres ouvriers apparaît comme un vestige d'un passé et non plus comme une exigence de l'aujourd'hui. Il n'est donc pas déplacé de contrecarrer un raz de marée social et ecclésial qui nie l'existence de la classe ouvrière et du même coup, et par conséquent, déprécie l'effort missionnaire entrepris depuis la libération.

(…) Qui de nous, prêtre ouvrier, n'a pu constater à travers les luttes de la classe ouvrière, après une manifestation ou une grève, que les sourds ont entendu, des aveugles ont vu et des paralytiques se sont mis à danser de joie !

(…) Aussi nous estimons que ce ministère que nous avons reçu de l'Église et qui a été authentifié en classe ouvrière trouve son origine dans ce passage de l'évangile de saint Jean sur « le lavement des pieds » à la veille de la mort du Christ.

(…) Nous pensons que ce ministère du serviteur manifeste que ce Royaume est déjà là ; ce signe est paradoxalement irremplaçable aujourd'hui pour la rencontre de la classe ouvrière avec la Bonne Nouvelle de l'Évangile. Indispensable et irremplaçable même dans l'inutilité apparente de ce ministère.

(…)

Serviteur inutile, dans les BTP, *nous subissons à notre tour le dépouillement. Nous avons conscience de n'avoir plus de peuple parce que nous sommes de ce peuple éclaté, un peuple qui se fatigue et ne semble plus participer à la lutte pour son avenir, mais qui subit comme la plupart des salariés une déportation sans fin. Démantelés par la crise, nous n'avons plus de références sûres. Nous avons perdu un certain discours sur Jésus-Christ. Pourtant, nous restons des « croyants » sur les chantiers, nous expérimentons que cette pauvreté est un chemin de Vérité pour l'Église à naître et en place.*

Allant dans le même sens, Michel Rager décrivait, dans une lettre destinée aux prêtres ouvriers du Prado, d'autres aspects du ministère prêtre ouvrier.

Saint Paul était déjà affronté au cœur des communautés chrétiennes naissantes aux divisions partisanes…

Je ne chercherai pas la spécificité du ministère de prêtre ouvrier. dans l'un ou l'autre charismes énumérés par saint Paul dans sa lettre aux Éphésiens (Ep 4, 11). Chaque prêtre ouvrier a son propre charisme, et certains « sont donnés comme apôtres, d'autres comme prophètes, d'autres comme évangélistes… » Mais l'histoire collective des prêtres ouvriers paraît être une de ces articulations essentielles vécues au XXe siècle pour qualifier l'Église comme étant celle de Jésus-Christ.

Les prêtres ouvriers peuvent disparaître, il restera au regard de l'histoire qu'en cette seconde moitié du XXe siècle, des prêtres choisissant la condition ouvrière ont tissé des liens, des articulations entre l'Église et le monde, qui obligent, l'une comme l'autre, à s'identifier, à préciser leurs relations. On sait déjà que ces vies sacrifiées, inutiles, ont eu un impact considérable sur les théologiens et les pasteurs qui ont fait Vatican II. N'est-ce pas là une authentique fondation d'Église dont nous sommes redevables à notre histoire des prêtres ouvriers ?

Les PO peuvent disparaître, il restera au regard de l'histoire qu'en cette seconde moitié du XXe siècle, des prêtres choisissant la condition ouvrière ont tissé des liens, des articulations entre l'Église et le monde qui obligent, l'une comme l'autre, à s'identifier, à préciser leurs relations.

(…)

Qu'on cesse de nous demander des comptes et des statistiques, nous n'écrirons pas un livre des Nombres ; qu'on cesse d'ausculter nos actes cultuels, nous n'écrirons ni un Deutéronome ni un Lévitique. Mais qui niera qu'en raison des prêtres ouvriers et d'autres courants plus ou moins liés, une espérance est rappelée : la Bonne Nouvelle de Jésus est bien prioritairement le privilège des pauvres.

Redire qui est Jésus-Christ, redire qui est son Église, n'est ce pas fonder l'Église. Non, les prêtres ouvriers ne sont pas des vieilles pierres

disjointes, ruines d'un temps passé, mais des articulations multiples qui permettent de manifester plus clairement où se situent les fondations et qui est le bâtisseur.
N'est ce pas cela rassembler l'Église ?

1987

17

Escapade en Égypte

En février 87, je partis en Égypte rendre visite à Michel Rager, prêtre ouvrier travaillant au métro du Caire. La température était douce par rapport à Paris. Malgré l'état des routes, Michel, qui était venu me chercher, démontra une dextérité étonnante avec sa 4L en slalomant la nuit entre les trous, les nids de poules et les regards d'égouts, émergeant d'au moins 5 cm de la route. Sans complexe, il brûlait les feux rouges en klaxonnant : il m'expliqua qu'il était moins dangereux de passer au rouge qu'au vert. Il faisait nuit. Quelques lampadaires éclairaient la voie de leur lueur blafarde orange. Dans la pénombre, les tours de Minaret éclairées se détachaient dans le ciel ; j'étais dans un tout autre monde !

Vers une heure du matin, n'arrivant pas à dormir, Michel me proposa d'aller casser une petite croûte dans un restaurant encore ouvert du Caire. Il y avait encore du monde dans les rues. Je gouttai une cuisine très bonne, à base de *full* (sorte de gros haricots) et de pigeons braisés (spécialité égyptienne). Je terminai le repas par des fraises… au mois de février. À la fin de mon séjour, j'avais pris 5 kg (affreux !)

Dix jours en Égypte, c'est court. Pourtant quelques anecdotes m'ont frappé. À Memphis, j'ai vu des palmiers aux racines dénudées sur 20 cm de haut parce qu'ils manquaient de limon. Michel m'expliqua qu'à cause du barrage, le Nil n'était plus recyclé par les crues, et les boues nourricières n'arrivaient plus au pied des arbres. Certaines palmeraies, les racines à l'air, étaient menacées, et le limon, qui servait toujours à faire des briques, s'amenuisait.

Michel me fit faire la visite du chantier du métro du Caire : 2 000 ouvriers, expatriés et égyptiens, y travaillaient ainsi que des femmes et des enfants. De grosses pompes évacuaient l'eau du Nil qui, par endroits, s'infiltrait dans les galeries. Ailleurs, le chantier était bloqué pour cause de découverte archéologique.

Michel reconnaissait son statut privilégié d'expatrié.

Il est difficile de dire que tous les projets de développement sont négatifs pour le pays, tout en étant conscient d'un nouveau colonialisme économique dans ces pays en voie de développement… Il y a cependant une manière d'exister en pays étranger malgré la situation de pouvoir dans lequel se trouve de fait l'expatrié. Être le plus juste possible dans les limites de ce qui peut se faire.

Un jour, pour des raisons futiles, les primes furent supprimées à la main-d'œuvre égyptienne. Les travailleurs égyptiens réagirent en ne faisant strictement que ce pourquoi ils étaient embauchés, et rien de plus. Par solidarité, les travailleurs français firent de même. Les ouvriers égyptiens eurent gain de cause et sont venus serrer la main des travailleurs français. Petit geste de solidarité, mais lourd de sens dans le chemin à prendre.

Les jours suivants, je fis du tourisme : les pyramides de Sakkarah, Louxor, Suez, Karnak, le Musée du Caire, la Mosquée bleue.

Au Caire, j'ai apprécié le génie artisanal des Égyptiens. Je les ai vus réparer de vieux moteurs de camions avec peu d'outils, et ça marchait ! J'ai admiré un vieux pont de camion avec son différentiel, utilisé pour faire tourner un manège d'enfants. À Suez, de jeunes artisans charpentiers utilisaient les différentes courbures naturelles du bois pour en faire des carénages de bateaux de pêche, sans plan préétabli. J'ai vu aussi la vitesse et la précision de certains artistes qui ciselaient des plateaux de cuivre à la lumière d'un vieux néon, et cela à 23 h.

Dans le quartier des chaudronniers, j'ai vu des jeunes enfants de 5-6 ans portant de lourdes ferrailles sur la tête. J'ai visité aussi une école de tissage pour tapis avec des enfants de 7-8 ans, mais l'ambiance était plutôt détendue ; ils apprenaient, m'a-t-on dit, aussi à lire et à écrire.

Et puis un jour, à Karnak, alors que j'étais occupé à faire du shopping, un jeune garçon, d'environ 16 ans, me proposa d'aller visiter son village : « C'est la fête, disait-il ! » Un peu surpris par son air décidé, je me laissai convaincre après avoir négocié le prix, en ayant quelques inquiétudes. J'assistai ainsi à un spectacle équestre de grande qualité, digne du cirque Gruss, qui me captiva. Il fut suivi par un spectacle de chameaux avec des cavaliers, armés de vieux fusils des années 1870, qui se poursuivaient et s'entrecroisaient tout en tirant en l'air comme dans un feu d'artifice. Cette petite aventure me révéla ma fragilité : j'étais riche de mon avoir et de mes habitudes et peu enclin à recevoir d'un plus pauvre. Je pris conscience de la richesse de cette rencontre toute simple.

Pour terminer mon séjour, j'allai rencontrer l'équipe d'Égypte, composée de jeunes prêtres de la Mission de France, sous la houlette de J.-M. Ploux. Et comme tout a une fin, le 14 février, je repris l'avion pour la France. Le 16 février, la tête toujours en Égypte, j'étais de retour au boulot. Durant une année, je travaillai dans des villes du Sud de la France pour réaliser des golfs. Un jour, je m'étais encore une fois fait voler ma bagnole, dans mon propre pays, réalisant du même coup tout l'argent perdu dans ces voitures.

7 avril, changement de chantier. Je partis au Grau-du-Roi pour un autre golf à 18 trous. La plage de la Grande-Motte était déserte, la ville aussi. Le vent soufflait, le sable s'accrochait à nos cheveux comme autour des touffes d'oyat dans les dunes ! Les filtres à air des engins étaient saturés de sable. Bien vite, nous étions en intempéries, impossible de remplir les camions ; lorsque je vidais le godet rempli de sable dans la benne du camion, la moitié du godet de sable se faisait la valise hors du camion !

13 mai, transfert à Vidauban pour la création d'un autre golf à 18 trous sur une centaine d'hectares.

20 juillet, création d'un golfe à Fréjus.

9 septembre, j'étais envoyé à Valescure, près de Fréjus. Il y faisait très chaud. On adaptait les horaires de travail selon la température : début très tôt le matin et reprise en fin d'après-midi jusqu'au coucher du soleil. On logeait dans un petit hôtel, « À l'Abreuvoir », qui faisait bar et restaurant, pas loin du chantier. Son appellation d'*Abreuvoir*, n'était pas qu'une simple évocation !

Au cours de l'année 1987, on fêta les 60 ans de notre responsable d'équipe, René Caclin et son départ à la retraite. Je fus nommé à sa place pour assurer la responsabilité de l'équipe et de l'atelier BTP, André devint le comptable.

1988-1989

18

Envoyé au tunnel … sous la Manche

Mai 1988. Cette année-là, la Mission de France reçut une lettre de Mgr Henri Derouet, évêque d'Arras, souhaitant la présence d'un prêtre au travail sur le site d'Eurotunnel (Tunnel sous la Manche). L'idée de ce tunnel était un vieux rêve dont la première tentative datait de 1751 ; une centaine de tentatives aboutirent à des échecs pour des raisons politiques et techniques. La dernière en date datait de 1974 ; les travaux furent stoppés au bout de quelques mois. L'un d'entre nous, J. Lafitte, y avait déjà travaillé.

Voici ce qu'écrivait J.-M. Ploux à l'équipe BTP :

Le 25 Mai 1988,

Chers amis des BTP,

Ma lettre d'aujourd'hui a deux objectifs. Le premier concerne l'Eurotunnel. Je vous joins la lettre du père Derouet et la réponse que je lui ai faite. Comme vous êtes déjà branchés sur le projet cela ne demande pas de grands développements. Nous souhaitons que cela aboutisse…

Le second a trait à la situation de Jean-Pierre (pressenti pour cette mission). Après échange avec lui et les copains de la Mission de la Mer, nous pensons décidément intéressant le créneau sur lequel il est par son travail de mineur en terre Adélie et nous avons donc donné le feu vert pour une réembauche sur ce chantier. Jean-Pierre a fait état de son désir de compléter ensuite par un engagement sur un chantier international d'Asie. Il est sûr que cela entre dans vos préoccupations de toujours et cela rejoint les nôtres. Toutefois nous voudrions éviter une trop grande dispersion.

Par ailleurs, nous privilégions la présence en Chine puisque des ouvertures semblent s'y manifester. C'est pourquoi, à cause du dialogue possible sur place avec J.-M., nous souhaiterions que Jean-Pierre mette en priorité un travail sur un chantier de Pékin, et en second, faute de mieux, à Hong-Kong…

Bonne réunion, salut à tous et à bientôt.

Jean-Marie Ploux.

C'est ainsi que je fus mandaté pour ce chantier. L'équipe pensait que mon nom « Verstraete » (merci papa !), pouvait être un atout important pour être embauché ; les ANPE donnaient en effet la priorité aux embauches locales. Je donnai mon solde de tout compte chez « Benedetti » et retrouvai en attendant du boulot à Portes-Lès-Valence. Je pouvais ainsi me concentrer plus facilement sur les propositions d'emploi faites par le site de Calais. Pendant mes congés du mois d'août, je partis à Calais visiter le site du Tunnel. Là-bas, je repérai deux entreprises qui y travaillaient : « Déchiron » et « Guintoli ».

En repartant, je repassai par Roubaix rencontrer Manoël Dias, secrétaire de l'UL CGT de Lille, sympathisant de la Mission de France et bien au courant des problèmes sociaux liés au chantier du Tunnel.

Octobre 1988, au nom de l'équipe BTP, j'envoyai cette lettre à l'évêque d'Arras :

Père Évêque

J.-M. Ploux, au nom de l'équipe centrale de la Mission de France, nous a transmis votre appel au sujet du chantier de l'Eurotunnel à Sangatte. L'équipe des prêtres ouvriers des BTP se sent bien sûr concernée par ce grand chantier et plusieurs d'entre nous ont essayé de s'y faire embaucher. J'ai déposé un dossier avec C.V. à l'ANPE. de Sangatte, celle-ci m'ayant répondu le 18 Juin 88 : « Votre expérience professionnelle et votre niveau de qualification ont retenu toute notre attention. Le nombre de postes à pourvoir étant limité, nous ne manquerons pas le moment venu de vous contacter pour un examen approfondi de votre candidature. »

Depuis, j'attends une convocation sans trop d'illusion, car vous n'ignorez pas, Père Évêque, le taux important de chômage dans la région Nord, Pas-de-Calais.

Je vous prie de croire, cher Père, à mes sentiments les meilleurs.

Retour dans la Drôme… Je travaillais à l'agrandissement du péage de Vienne sur l'A7 pour le compte de l'entreprise « Gascheau ». Par hasard, je constatai que la maison « Guintoli », repérée à Calais, travaillait aussi pour l'agrandissement du parking. Je décidai d'aller m'entretenir avec le conducteur de travaux de ma boîte : « J'aimerais travailler en déplacement pour gagner plus de sous ! » L'argument n'était pas très catholique mais efficace et facilement compréhensible ; il me promit de faire le nécessaire, connaissant son homologue de chez « Guintoli ». Cela me coûta une bouteille de Ricard… Mais au vu des circonstances, l'enjeu en valait la chandelle !

En septembre, lors de notre rentrée d'équipe, je partageai mon espoir d'intégrer chez « Guintoli ». Un bonheur n'arrivant jamais seul, nous venions de recevoir un courrier de Jean-Pierre Fouilleul, provenant de Terre Adélie. Je vous fais part de la conclusion de cette lettre.

Début février, j'ai commencé à célébrer l'eucharistie le dimanche soir au « Labo III », celui qui capte les rayonnements cosmiques. Nous étions près du tiers de la base. Je ne pensais pas que la soif était si grande. (…) Sans doute l'éloignement et la solitude invitent à faire un retour sur soi, réouvrir des portes, se remettre devant les interrogations auxquelles on n'échappe pas.

Les réactions ont été évidemment très nombreuses, notamment avec ceux qui ne participaient pas. « Tu sais, m'a dit l'un d'eux, on ne vient pas à "ta messe", mais c'est nous qui devrions y être. » Je crois que nous ne devons pas être préoccupés de faire le plein des églises ; les églises ne sont pas faites pour être pleines. La mission ne fait pas le plein : elle manque de l'autre, elle a un creux aux entrailles… Elle se vit en creux.

Après la lecture de cette lettre, venue du bout du monde, nous n'avions plus rien à dire ; nous avons célébré l'eucharistie, l'esprit en Terre Adélie. Autre événement important ce jour-là, une famille entière exprima son intention de venir nous rejoindre. Il s'agissait de René Marijon et de Claire Nolin, avec leurs enfants.

Janvier 1989. L'affaire était conclue. Je n'osais à peine y croire ! Je pris mon solde de tout compte et rentrai le 6 février chez « Guintoli ».

J'ignorais tout de l'entreprise ; ma seule ambition : travailler au tunnel, le chantier du siècle ! Je me retrouvai pour l'instant sur une pelleteuse, une *Liebherr 901* à pneus, à tailler les talus pour l'élargissement de l'autoroute A7 sur le tronçon Vienne-Valence. Un premier pas était posé ; j'étais embauché par l'agence lyonnaise à 750 km de mon objectif. Comment faire pour rejoindre l'agence du Nord ? Je fis une première demande à mon conducteur de travaux qui, goguenard, me répondit : « Tu n'es pas bien dans le Sud ? Pourquoi veux-tu aller travailler dans le Nord ? C'est la Sibérie là-bas ! » Cet argument faisait peur aux gars du Sud : « Si tu continues à déconner, on va t'envoyer dans le Nord, au Tunnel ! »

Comme l'argumentaire ne m'était pas encore adressé, je décidai d'inventer une petite histoire de famille demandant un rapprochement du domicile familial ! La direction décida de m'échanger contre un gars du Nord qui voulait bien descendre au Sud.

Octobre 1989, j'arrivai à Sangatte, La famille Hamain, des amies de ma sœur, accepta de me loger dans une dépendance de la ferme. J'y suis resté plus de deux ans ; des liens forts, et toujours actuels, se sont évidemment tissés. Depuis, j'ai marié l'aîné des garçons qui avait douze ans à l'époque.

Avec beaucoup de chance, j'étais enfin sur le site du tunnel. On m'avait dit : « Va ! » Et j'y suis allé ! Dans l'Église tout se passe simplement.

Je me retrouvai sur une pelleteuse à pneu, une *P 60*, pour un terrassement de VRD en sous-traitance pour l'entreprise « Beugnet ».

Tout était beau, tout était nouveau. On était au bord de la mer, avec de l'espace, et parfois un peu trop de vent ! Certains camarades avaient retrouvé leur caravane toute retournée !

9 novembre 1989, jour de la chute du Mur de Berlin… On entendait partout les sarcasmes des gens satisfaits :

Le communisme réel a montré sa perversité et son incompétence, il a échoué. L'URSS s'est effondrée, disloquée. Le monde du travail est profondément modifié, la classe ouvrière n'existe plus. On vous l'avait bien dit : les prêtres ouvriers n'ont plus aucun sens, la libération de la classe ouvrière est une erreur théologique ! Enfin la vraie liberté a triomphé !

Beaucoup de camarades communistes n'avaient plus de modèle utopique pour contester le modèle libéral. Bien que très critiques sur l'image que donnait le communisme étatique, nous redoutions la revanche du libéralisme offrant aux peuples la liberté des Marchands. Et à quel prix !

Mais la vie continuait dans le Pas-de-Calais. Je pris contact avec le curé d'une paroisse de Calais, P. Falala, et l'aumônier de secteur de l'ACO, Michel Maes au service aussi de la Mission de la mer à Boulogne. Je rencontrai J. Danckaert, chargé de mission par l'évêque d'Arras pour coordonner et envisager les évolutions possibles de l'Église locale pour l'après Tunnel et Maurice Vieillard, vicaire épiscopal à Boulogne.

En novembre 1989, je reçus une lettre de l'évêque d'Arras :

Cher Jean-Michel

Je viens d'apprendre, par Maurice Vieillard, que vous êtes arrivé à Wissant. Je m'en réjouis. André Lacrampe (évêque et Prélat de la Mission de France) m'avait annoncé votre arrivée. Je serai très heureux de vous connaître. J'ai participé à la réunion de la Mission de France à Lourdes et me réjouis du travail que fait la Mission, dans un certain nombre de coins du diocèse. Je sais que vous avez déjà pris contact avec Maurice et Jacques Danckaerts.

Dans l'attente et le plaisir de vous rencontrer, je vous dis, cher Jean-Michel, toute mon amitié dans le Seigneur et son Église.

C'était une joie pour moi d'être attendu par l'Église du Calaisis.

1989-1990

19

Le chantier du siècle

Tout le monde s'interrogeait devant cette nouvelle réalité qui se créait autour du tunnel. Il est vrai que ce chantier était d'une grande portée symbolique pour l'Europe, en particulier pour la France et l'Angleterre.

Réalités technologiques et financières

Pendant les semaines qui suivirent, force était de constater que sur le site de Sangatte, ce chantier mettait en valeur le savoir-faire de l'homme. Ce tunnel de 50 km de long était en réalité composé de 3 tunnels creusés à 40 mètres sous le fond de la mer, dans une couche de craie bleue, la plus dure et la plus étanche. Les travaux devaient durer quatre ans. Malheureusement, côté français, le départ fut laborieux. Il y eut des pannes répétées d'un des tunneliers *Brigitte* (venant tout droit d'Amérique, du constructeur Robbins). Nous avions déjà perdu du terrain à l'avancement par rapport aux Anglais. Puis des conditions géologiques inattendues et de trop fortes infiltrations d'eau stoppèrent l'avancée du tunnelier. Les ingénieurs américains furent incapables d'adapter le matériel.

Sous la pression syndicale des métallos du Nord (notamment ceux de Fives-Cail), les directeurs feront appel aux compétences des PME régionales : des ingénieurs de Fives sont dépêchés sur les lieux. En quelques semaines, la machine est complètement modifiée. Une année plus tard, le tunnelier battra les records d'avancement. Dommage que les quatre autres tunneliers étaient sous licence Japonaise.

À cause de tous ces incidents, nous avions pris quelques retards par rapport aux Anglais. Mais nous ne pouvions courber l'échine devant la perfide « Albion » ; ce fut l'occasion de remettre un peu plus de pression sur les travailleurs pour rattraper le retard.

Ces tunneliers, d'une conception nouvelle, étaient conçus comme de véritables usines mobiles qui creusaient, mettaient en place les voussoirs pour maintenir la voûte et évacuaient les matériaux sur tapis roulant, les wagonnets prenant le relais ensuite. Des cars bondés de touristes déversaient leurs curieux. On venait admirer ces prouesses technologiques et ce que TML voulait bien laisser apparaître. Malheureusement, derrière de belles apparences, la réalité était plus sombre.

Tout était régi par la haute finance, sous l'égide d'Eurotunnel, qui était en quelque sorte un syndicat bancaire international, composé de 210 banques, dont quelques grosses banques japonaises et aussi de nombreux petits actionnaires français.

Au début des travaux, les Calaisiens étaient sceptiques sur l'aboutissement de ce chantier (le vingt-sixième en deux siècles), et sur ses retombées économiques pour la région. Mais de semaine en semaine, le paysage changeait de physionomie : des routes et des voies ferrées étaient déplacées ; des maisons disparaissaient ; des ponts se construisaient pendant que les tunneliers avançaient sous la Manche. C'était le grand chambardement ! D'autres chantiers annexes se mettaient en place et continuaient de bouleverser la région :

- La ligne TGV Paris/Lille/Calais et Lille/Bruxelles.
- L'électrification des lignes SNCF Hazebrouck/Calais/Boulogne, Lille/Baisieux, Saint-Omer/Cambrai.
- La construction de l'A 16, Paris/Amiens/Boulogne.
- La construction de l'A 1bis (et peut-être d'une autoroute périphérique) autour de la métropole lilloise et Courtrai.
- L'A 29 en Picardie.
- Une nouvelle A 2 de Paris/Maubeuge, direction la Belgique.

- Le centre d'affaires à Lille (sur le modèle de La Défense à Paris).
- L'Euro téléport à Roubaix (un nouveau système de télécommunication).

Si le tunnel devait ouvrir un nouvel espace de communication entre les différents pays, paradoxalement, sur le chantier tout était cloisonné : l'étendue du chantier (700 hectares) et le nombre d'ouvriers (jusqu'à 6 000) ne faisaient qu'accroître un sentiment d'isolement.

Tous ces bouleversements posaient question aux chrétiens qui se mobilisèrent en Mission ouvrière (ACO, JOC, ACE, GREPO). Reprenant le cri des prophètes : *« J'ai vu la misère de mon peuple »*, Jeanine, responsable de l'ACO à Calais, ne pouvait s'empêcher de comparer ce chantier avec celui de la construction des pyramides du temps des pharaons. Dans les différents relais ACO, on entendait monter la plainte des ouvriers qui se plaignaient de leurs conditions de travail.

1) L'usine de fabrication des voussoirs

Chronologiquement, cette usine avait commencé son activité un an après le lancement du chantier. C'est de là qu'avaient commencé la plupart des grèves, mais l'activité syndicale avait débuté bien en amont. Les responsables syndicaux de la région avaient fait pression sur le gouvernement et les collectivités locales :

- pour qu'une priorité à l'embauche soit accordée aux gens du cru ;
- pour que les différents travaux soient confiés à des entreprises régionales et locales ;
- pour que la procédure « Grands Chantiers » (appliquée uniquement à la construction des seules centrales nucléaires) soit appliquée à tout ce qui touche la construction du tunnel ;
- pour obliger TML et les sous-traitants à appliquer le Code du travail en ce qui concerne la sécurité.

La première grève eut lieu en plein mois d'août 87 à propos des problèmes de sécurité, de la représentation des salariés et de l'augmentation des salaires. Les revendications commencèrent sous la houlette de la CGT, mise en place avec Manoël Dias et René Desjardin, permanent de l'Union départementale et prêtre ouvrier, et l'Union Locale de Calais. Par la suite, une intersyndicale fut créée qui rencontra quelques difficultés avec les méthodes de l'entreprise Bouygues dont l'objectif était de casser les syndicats afin de noyer toute forme de contestation. La grève d'octobre 1989 avait dû être interrompue à cause de l'intervention musclée des cadres qui interdirent aux membres de l'intersyndicales de descendre dans le tunnel. Pour les militants, il était clair que la formation des cadres de Bouygues reposait en grande partie sur la lutte antisyndicale. Il fut interdit à l'intersyndicale CGT/CFDT de descendre au fond pendant près de 18 mois.

Aux voussoirs, le travail était répétitif, un peu comme à la chaîne dans les usines automobiles. Ce travail réclamait en général peu de compétence professionnelle mais beaucoup d'attention et de fatigue nerveuse. Les voussoirs constituaient le revêtement de béton qui formait l'habillage des trois galeries du tunnel. Il fallait 6 voussoirs de tailles différentes pour former l'anneau du tunnel ; 500 personnes y travaillaient jour et nuit, par poste, 7 jours sur 7.

2) Le tunnel proprement dit

C'est là que se trouvaient le nerf de l'entreprise et la vitrine de TML. Là on travaillait tous les jours, 24 h sur 24, au rendement et à l'avancement ; les primes en dépendaient. Une savante émulation était organisée entre Français et Anglais et les différentes équipes avaient leurs scores affichés sur des tableaux électroniques placés aux entrées du tunnel et communiqués à toutes les équipes. Au fur et à mesure que le tunnel se creusait, l'itinéraire d'accès ou de sortie se rallongeait : les heures de présence dans les galeries avoisinaient les 14 heures et parfois plus, jusqu'à 18 heures. Là, il n'était plus question de syndicat, et au cours de la deuxième grève démarrée aux voussoirs, on frôla l'affrontement physique. Tout était fait pour isoler les délégués et les discréditer auprès des travailleurs du fond.

Ces ouvriers, travaillant dans des conditions parfois extrêmes (chaleur, bruit, humidité, confinement, risques divers), étaient plutôt bien payés : environ 13.000 F par mois, primes comprises. Cela pouvait faire illusion. Mais au vu des conditions de travail, il n'y avait pas de quoi crier victoire. Il est vrai aussi, et à juste raison, que tout le monde parlait de ces tunneliers extraordinaires, fonctionnant comme des sous-marins, à travers les poches d'eau rencontrées. En réalité, lorsque le tunnelier traversait des terrains saturés d'eau par les fissures, elles étaient alors congelées par des infiltrations d'azote, puis percés et ensuite étanchéifiés.

Ces formidables usines mobiles de 300 mètres de long, non seulement étaient capables de forer dans un environnement très humide, mais aussi de se diriger au cm près grâce aux lasers et aux satellites. Dans ce monde futuriste, des ouvriers travaillaient dans les galeries transversales que les tunneliers ne pouvaient percer : Marocains (anciens mineurs), Turcs, Italiens, quelques Français sans qualification, encadrés par des Portugais. Ceux-là étaient revenus à des techniques plus archaïques avec le marteau-piqueur ; comme dans les années cinquante, revêtus de cirés, travaillant dans la boue et dans l'eau jusqu'aux genoux, avec pelles, pioches et seaux. Leur travail a permis le percement des galeries anti-pistonnements (servant à l'évacuation du déplacement d'air provoqué par le passage rapide des navettes) et des galeries de communication entre chaque tunnel servant à la sécurité.

Dans de telles conditions, de nombreux accidents étaient à déplorer, mais paradoxalement, il n'y eut que deux morts directement liés au travail. Guy, l'un d'entre eux, fut écrasé par la machine qui posait les voussoirs, alors que ce n'était pas son poste habituel ; il travaillait encore après 10 heures de boulot… disait la rumeur syndicale ! Ses copains ont voulu marquer d'une croix le 2.711^{e} voussoir qui lui fut fatal (maigre consolation), mais le souvenir d'une mort qui aurait pu être évitée restera. René, l'autre victime, fut écrasé lui aussi par un engin transportant les voussoirs. Bien sûr la direction, sous la pression de la CGT, réagira, mais il était, là aussi, trop tard. Ces hommes avaient payé de leur sang, sur l'autel du profit et des cadences, la réalisation du chantier du siècle !

Beaucoup de travailleurs se plaignaient d'être « bouffés » par le tunnel, abrutis par le travail et aussi par les heures de draisine pour aller et sortir du tunnel. À la fin, cela se chiffrait vite à 15/16 heures de présence dans le trou. L'émulation savamment exercée par les cadres, les primes au mérite, la concurrence entretenue entre les équipes maintenaient sur les hommes une pression difficile à maîtriser. Dans un tel contexte, prendre du temps pour discuter, s'organiser, relevait à chaque fois de la prouesse.

Malgré ces conditions de travail, TML prenait soin de soigner son image de marque à l'extérieur comme à l'intérieur, aussi malheur aux travailleurs qui faisaient du mauvais esprit en critiquant leur gagne-pain et le chantier du siècle. La peur du licenciement, les mutations forcées à des postes plus pénibles et moins lucratifs, la crainte du mouchardage avaient engendré un climat de méfiance. Jean-Pierre, travaillant au tunnel, nous disait que même les femmes des travailleurs, logées dans le même bâtiment à la Zup de Calais, n'osaient même pas se rencontrer et s'ignoraient royalement.

3) Le site autour du tunnel et son aménagement avec TML, la SNCF et la DDE

C'est là où je travaillais. Dans un premier temps, je fus engagé dans l'aménagement du Terminal SNCF, sorte de gare de triage avant le tunnel. Sur ce chantier, je retrouvai pêle-mêle des professionnels des travaux publics ; des jeunes en SIVP (ancien CDD) ou en intérim, travaillant pour la première fois ou en attente d'un emploi plus stable ; des petits patrons avec du matériel plus qu'amorti ; des agriculteurs louant leur tracteur et leur benne toute neuve pour le transport des matériaux. Pour beaucoup, cela représentait un ballon d'oxygène appréciable pour les finances.

Sur ces différents chantiers de terrassement, je faisais partie d'équipes de travail composées de 5 à 10 bonshommes interchangeables, selon les équipes. Au début, je fis de l'assainissement, prêté à l'entreprise Beugnet avec une pelleteuse Guintoli. Ensuite, quelques kilomètres plus loin, je triai du mauvais sable gris d'avec des boulettes d'argile et je chargeai les *dumpers*, après je fus transféré sur la future A 16 sur une pelle de production pour saigner des collines afin de créer la voie rapide Calais/Boulogne, puis je revins quelque temps plus tard sur une petite pelle pour tailler les talus.

Cette organisation par petites unités de travail, composées d'entreprises diverses, était basée sur une rotation importante des équipes qui empêchait toute action syndicale entre les travailleurs. La présence d'un ouvrier sur un chantier n'excédait pas deux ou trois mois. Tout ce monde assez hétéroclite devait s'adapter et travailler ensemble ; ce qui n'était pas très évident, mais on n'avait pas le choix. Dès lors, il m'était difficile de militer dans le cadre syndical au sein de l'entreprise ; ma présence était de l'ordre de la patience, de l'écoute et de la discussion.

Année 1990

20

Pour existser,
il faut témoigner

J'avais compris que pour exister, il fallait aussi témoigner…

Les interviews qui suivent expriment bien les questions de l'époque et m'obligeaient à m'enraciner dans la réalité professionnelle avec cette conviction que ma condition de prêtre ouvrier avait autant de sens pour la classe ouvrière que pour l'Église. Ces convictions étaient largement partagées par notre théologien d'équipe, Bébert Grimaux.

Ce chantier, qui demeure un grand défi, apporte dans l'histoire de l'équipe un élément nouveau, à savoir la participation à une initiative d'Église. Ailleurs, notamment à Blaye, Jean-Claude Bonnaud et Philippe Plantevin, grâce au père Mazière, avaient eu des contacts avec le clergé local. L'expérience ecclésiale de l'Eurotunnel présente une dimension plus ample et plus réaliste : l'Église du Nord, belle chrétienté rénovée par l'Action Catholique, est loin d'être une portion d'Église frileuse.

Les responsables diocésains ont suscité une pastorale du tunnel pour adapter la présence de l'Église à ces mouvements de population. Mais le plus tonique est la création d'un relais ACO qui pense à l'avenir mais aussi au présent, c'est-à-dire à la construction de cette plate-forme de communication pour l'Europe. Jean-Michel, par sa situation originale de prêtre ouvrier, participe activement à cette expérience ecclésiale née directement du lieu de travail et non parachutée d'une paroisse. Cet embryon ecclésial a pu exister grâce au terreau chrétien travaillé par l'Esprit, mais aussi grâce à Jean-Michel qui, de par son insertion professionnelle, peut déployer son charisme d'insertion dans ces réseaux apostoliques.

En avril 1990, je fis part à l'évêque d'Arras de la proposition de TF1 de réaliser une émission sur les prêtres ouvriers. Voici comment l'hebdomadaire *La Vie*, n° 2335, présenta l'émission :

L'évangile dans l'usine

Il porte le bleu de chauffe comme d'autres portaient la soutane. Dans les usines ou sur les chantiers, voire – plus rarement – dans les champs. Ils partagent les mêmes conditions de travail que les autres OS ou conducteurs d'engins.

Parce qu'ils considèrent que l'Église n'existe que si elle témoigne de l'Évangile dans le monde d'aujourd'hui, sept à huit cents prêtres ont décidé – non sans difficulté – d'aller « dire dans la vie, en travaillant » ce que d'autres disent plus simplement dans l'Église.

Pour TF1, Michel Enaudeau a rencontré quatre prêtres ouvriers qui tous témoignent de leur engagement, que l'on voit évoluer dans un quotidien anodin et qui évaluent leurs relations avec l'Église, non sans quelques grincements de dents. Dommage qu'il n'ait disposé que de 26 minutes pour un sujet qui aurait mérité de plus amples explications. Reste que, sous un titre un peu racoleur, « Les OS de l'Église », il nous offre quatre témoignages denses.

Cette année-là, un jeune séminariste hollandais, Wilbert, en formation dans notre équipe, fut embauché sur le chantier : il était chauffeur de *Dumper*, et venait parfois charger sa benne sous ma pelleteuse !

Tous les mois, je rejoignais avec Wilbert l'équipe BTP qui se réunissait à Guilherand. Au courrier, nous avions reçu la lettre de Michel Rager, parti à Hong-Kong après l'Arabie saoudite.

Le 27-08-90

Chers tous ;

Quelle surprise !

Tout d'abord je suis vraiment en Chine… Ils ont tous les yeux bridés. Le soir, après la douche, je suis tout étonné de voir les yeux d'un Européen dans la glace pour me coiffer, et j'ai peur de sortir parce que je me trouve con.
Niveau boulot, je travaille sur l'ouvrage Prince Edward Road, un magnifique échangeur… Au chantier, j'ai sous les yeux les fameux camps-prisons des Boat-People vietnamiens. Quelques unités seulement arrivent à en sortir et se retrouvent sur le chantier à des prix défiant toute concurrence !
… Drôle d'aventure. Je me retrouve comme au premier mois du Caire. Est-ce que ça peut durer ? Inch Allah !

De Hong-Kong, retour à Sangatte au tunnel.

Un permanent de l'ACO vint nous visiter pour rédiger un article pour *Témoignage*, le journal mensuel du mouvement, sur un premier relais d'équipe ACO. Celui-ci avait réuni une vingtaine de personnes, avec la présence de Mgr Derouet, l'évêque.

Voici le compte rendu sous la plume de Pierre Ropars :

Donner la parole

À partir de contacts avec des militants syndicaux et d'autres travailleurs du tunnel, l'idée d'un relais ACO va petit à petit germer et aboutir à une première réunion en février 1990. Pour Didier (responsable CFDT), voilà un espace de liberté, où chacun peut s'exprimer s'il en a envie : « On ne vient pas pour trouver une solution à nos problèmes, ni pour préciser nos revendications. On se fait confiance et on prend conscience des problèmes vécus par les travailleurs dans les autres entreprises ». Pour Jeanine, militante CSCV (Comité syndicale du cadre de vie), responsable du secteur : « c'est le rôle de notre communauté chrétienne de donner la parole à ceux qui ne peuvent s'exprimer ».
Une quinzaine de travailleurs sont venus à cette première réunion. Dynamisés par cette rencontre, ils sont prêts à se revoir et élargir le cercle.

Jean-Michel, prêtre ouvrier, militant CGT, travaillant sur « le terminal », Jeanine et Paul, aumônier de secteur, ont fait le tract d'invitation. Déjà un nouveau rendez-vous est pris pour le 5 septembre. Les femmes aussi seront invitées. « Il faut que ce soit un relais permanent », indique Jean-Michel. Alors le Tunnel, plate-forme de communication pour l'Europe de demain peut devenir aujourd'hui espace de dialogue entre Dieu et les travailleurs.

Cette année-là, j'invitai Philippe Essig, patron d'Eurotunnel, à venir dialoguer avec les chrétiens du Calaisis. En voici la petite histoire. Lors d'un comité de coordination de la Mission ouvrière, Mgr Derouet nous avait interrogés sur notre dialogue avec les cadres. Dialogue difficile : on ne jouait pas dans la même cour de récréation.

Pentecôte 90, je rencontrai Mme Elisabeth Essig qui donnait des cours de théologie aux séminaristes de la Mission de France. Après les présentations d'usage, elle fut tout à fait d'accord pour demander à Philippe, son mari, de venir dialoguer avec les chrétiens ACO du Calaisis. Au cours de la réunion, Philippe Essig nous expliqua pourquoi il avait accepté l'invitation : « C'est bien sûr le souci de partager notre attention particulière sur ce qui se passe sous le Tunnel et dans les environs et c'est aussi notre attachement des uns et des autres aux valeurs du christianisme. » Après un tour de table où chacun se présenta brièvement, le patron d'Eurotunnel exprima les difficultés de gérer une telle entreprise, soumise à des forces contradictoires : une sous-estimation du budget de 10 % ; des prescriptions gouvernementales sans retenue budgétaire ; le coût de plus en plus élevé de la sécurité sous le tunnel ; les limites du financement privé, fragilisé par une spéculation sans retenue.

Il est vrai que nos questions s'adressaient plus à un responsable de TML plutôt qu'à Philippe Essig, responsable d'Eurotunnel ; néanmoins celui-ci se plia de bonne grâce à nos questions sur les embauches, les salaires, la sécurité…

Voici comment Paul Falala, aumônier d'ACO sur Calais, résuma l'après-midi :

L'ambiance est sincère, vraie et franche. On accepte de se placer sous la lumière de l'évangile. Le responsable de l'Eurotunnel est reparti avec quelques questions en plus dans sa serviette et nous avons eu conscience d'avoir vécu un dialogue inhabituel, mais constructif.

En juillet, nous avions la visite de Dominique Fontaine, responsable du service jeunes de la Mission de France. Dominique avait organisé le tour de la côte d'Opale en vélo et la visite du chantier du siècle ! Pour l'occasion, le père Lacrampe, évêque de la MDF, nous avait fait l'honneur de sa présence. On organisa une petite soirée sympa sous un hangar, assis sur des ballots de paille. Toute la famille Hamain était là, ainsi que Philippe Essig, mais la discussion était beaucoup plus « bon enfant » qu'en juin !

Le 23 août, Mgr Lacrampe vint visiter le chantier. Contact chaleureux avec mes copains de boulot. D'origine basque, notre évêque ne put s'empêcher de mettre de l'ambiance en poussant la chansonnette après le repas. Des chants basques à Calais, cela faisait son effet.

Puis nous terminions l'après midi chez Jeanine, responsable du secteur ACO.

J'en profitai pour lui parler de « l'après tunnel » et lui glissai une suggestion : « Pourquoi ne pas prévoir une équipe de prêtres ouvriers investis en hôtellerie ? »

Le 12 novembre, je fis un témoignage dans une école libre de Marquise, invité par un professeur de français, Gilbert Courquin. Gilbert était une personnalité forte et reconnue dans la région, pédagogue infatigable. Notre amitié dura jusqu'à sa mort, un funeste 1er avril 2001 : crise cardiaque foudroyante. Paix à ton âme, Gilbert. Nous te regretterons toujours.

Année 1991

21

La fin du chantier !

1991 marqua un tournant. Les tunnels étaient percés ; il ne restait plus qu'à équiper l'ouvrage. La fin du gros œuvre entraîna un bouleversement dans la politique de l'emploi de la région.

Quelques chiffres:

1989 : 6 000 emplois, tous chantiers confondus.
Dès le début de l'année 1990, la baisse des effectifs s'amorce sur les chantiers pour la partie « Génie Civil » (TML et sous-traitants).
Fin août 1991 : les effectifs passent de 5 000 à environ 3 700. Près de 2 232 emplois disparaîtront en l'espace de 6 mois, entre avril 91 et décembre 91 pour TML ; sans compter les 466 autres emplois perdus côté sous-traitants.
En avril 1992, les effectifs employés sur la totalité du chantier ne seront plus que de l'ordre de 3 200 pour passer par la suite à 1 500. Ces derniers disparaîtront totalement vers août 1992.

La fin du chantier approchait ; près de 6 000 emplois allaient disparaître... Le 16 octobre 1991, sur 894 licenciements effectifs, 30 % seront reclassés, soit 43 %, essentiellement dans les travaux publics. 30 % des salariés seront demandeurs d'emploi ; le reste en situation indéterminée. Durant ce temps, plusieurs entreprises allaient fermer, comme l'entreprise Courtauld, d'autres allaient se restructurer comme les « Transmanches maritimes » ou le port de Boulogne, et des chantiers annexes allaient s'achever faisant perdre des milliers d'emplois supplémentaires.

« Il parlait de sa pelleteuse comme il aurait parlé de Dieu »

En attendant, je continuais de travailler à Saint-Inglevert sur l'autoroute A 16 reliant Calais à Boulogne. Je maniai une pelle de production, une *Liebherr 974* toute neuve ! J'étais fasciné par cette machine, énorme, puissante, travaillant presque sans bruit, capable de manger 20 m^3 en quatre godets. Elle était belle, ses vérins brillaient au soleil et tout le monde s'arrêtait pour la regarder travailler. Toutes proportions gardées, je comparais la pelleteuse au ciseau d'un sculpteur qui, par touches successives, enlevait la matière superflue pour en dégager l'œuvre.

En juillet, A. Leduc, journaliste, m'interviewait pour un feuilleton intitulé *Tunnel-Channel, enquête sur le chantier du siècle.* L'article parut au printemps culturel du Valenciennois et dans les colonnes du journal local du Nord : *Liberté* (PC). Dans son chapitre III, *Les dockers de Corinthe*, l'auteur terminait son article ainsi :

> *Le temps d'aller à Wissant, en longeant la côte, et de se jeter quelques genièvres de Houle (genièvre de St Omer) derrière la glotte - une paire comme on dit dans le Nord – j'avais acquis la conviction d'avoir croisé un homme qui parlait de sa pelleteuse comme il aurait parlé de Dieu…*

Il est vrai qu'elle était impressionnante, la bête !

Pourtant quelques semaines plus tard, je m'aperçus que j'étais tombé dans le piège de la production coûte que coûte. Les *dumpers* de 70 tonnes tournaient sans relâche. Je passais 9 à 10 heures par jour, rivé sur une machine qu'il fallait amortir au plus vite. Même la nuit j'entendais les vérins siffler et couiner dans les oreilles. Plus tard, j'ai su que cela s'appelait *avoir des acouphènes* ! Mais grande consolation : je conduisais une grosse machine.

Préparation de la rencontre nationale

Le 26 janvier 1991, nous rédigions une lettre de préparation pour notre rencontre avec le Prado et la Commission épiscopale des évêques en monde ouvrier, prévue le 20 mars.

Notre équipe ne compte plus que 4 membres en activité… Pourtant, toutes les perspectives économiques prévoient que le BTP sera encore longtemps un secteur d'avenir… Tout près de nous, de gros chantiers sont ouverts ou vont encore s'ouvrir : extension du Réseau TGV, jeux olympiques, Disneyland, la Bibliothèque de Paris, la rénovation du quartier de la gare d'Austerlitz. Certes on ne pourra pas être partout, mais les ouvriers sont vraiment peu nombreux pour une mission si abondante. Comment faire pour que le petit reste soit cependant encore significatif?

Depuis 20 ans, la Mission de France a apporté quelque sang neuf à l'équipe, on aurait aimé que le Prado poursuive l'effort commencé. On comprend qu'actuellement, les évêques pensent d'abord à répondre aux besoins de leur diocèse plutôt que de laisser partir l'un ou l'autre pour d'autres Missions. Pourtant cela se fait bien pour Fidei Donum…

Beaucoup accepteraient volontiers un ministère au service du BTP, encore faudrait-il le leur suggérer, les encourager, les orienter. Il y va de la responsabilité de tous…

Je ne me rappelle plus s'il y eut des réactions significatives, mais il est sûr qu'au fil du temps d'autres priorités se profilèrent… Le 13 mai, j'étais transféré avec ma grosse pelle sur le chantier de la future gare TGV de Frethun.

Une grève de deux heures qui va me coûter cher

Un jour, sur ce site, des chauffeurs de *dumpers*, dont Wilbert, étaient venus me voir en me disant : « Ce n'est pas normal, avec les heures que l'ont fait la semaine, on devrait partir plus tôt le vendredi après-midi, et avoir le temps de revenir chez nous. »

Je sentais arriver les « emmerdes », grosses comme une pelleteuse.

« Tout à fait d'accord avec vous mais comment fait-on ? Vous savez que la direction est contre. »

« Eh ben t'arrête ta pelle et on fait grève. Hein curé ? Tu fais pas le con ? »

« Bon, ben je préviens quand même les chefs ! »

On ne pouvait pas arrêter impunément une pelle de production, surtout une *Liebherr 974 litronic* toute neuve ! Le vendredi arriva... On décida d'arrêter le travail à 15 h au lieu de 17 h. Je n'étais pas fier et me demandais bien ce qui allait arriver. Arrêter une pelle de production comme ça : ce n'était pas rien !

Bravement pour me rassurer, je me disais : « C'est bien beau de parler d'injustice mais par moments il faut savoir poser des choix et montrer de quel côté on est. Merde alors ! »

Vendredi, 15h. Quelques *dumpers* arrivèrent encore à la charge, je leur fis signe que c'était fini. J'arrêtai la machine et pris place dans le dernier engin pour qu'il me reconduise au dépôt ; chemin faisant, je vis des voitures de chefs rouler à tombeau ouvert, en faisant beaucoup de poussière, vers le lieu de la rébellion.

Mais l'atelier de production était arrêté. Par la suite, j'ai appris que certains chauffeurs avaient répondu courageusement aux chefs : « Ben c'est le curé qui s'est arrêté ». Le lundi matin, je m'attendais à être mis à pied sur le champ. Mais à ma grande surprise, rien ! J'étais encore sur la pelle. Le lundi suivant, à la première heure, avant de démarrer mon engin, un inconnu s'approcha de moi et me dit : « C'est moi qui prends la pelle, tu dois aller voir les chefs ! » Je fus muté dans une sablière du côté de Sangatte, puis trois jours plus tard sur une petite pelle à pneus, une *P60*, pour faire de nouveau du VRD chez Beugnet. Aucune réaction de mes collègues de travail ! J'étais un peu écœuré mais relativement content de m'être tiré à si bon compte sans être viré ! En fait, ce fut ma première et dernière expérience de grève dans la maison Guintoli ! Dans l'entreprise Beugnet, j'eus l'occasion de préparer plusieurs baptêmes, entre autres, celui du premier fils de l'un des chefs Beugnet avec qui je travaillais, Jean-François, et de le célébrer en novembre dans une petite église du Calaisis.

Ainsi je pouvais encore parler de Dieu mais plus de ma grosse pelleteuse

Interrogations sur le devenir de notre équipe

Début octobre, nous avions notre réunion d'équipe. On évoqua le départ de Michel G. en Arabie, après le retour de Michel R, celui de Jean-Pierre en Chine et les nombreux départs en retraite. Tous ces départs semblaient remettre en cause la vitalité de notre équipe.

Compte rendu envoyé à l'équipe centrale de la Mission de France

Cher Jacques,

Nous avons parlé en particulier du départ de Michel G. pour l'Arabie le 7 octobre.

À cette occasion, l'équipe, constatant le petit nombre de ses effectifs, se demande si elle doit encore envoyer quelqu'un à l'étranger ?
1°) Michel R. qui revient d'Arabie trouve que l'Arabie Saoudite est un des lieux où les migrants d'un grand nombre de pays se trouvent en situation précaire sur des chantiers où les conditions de vie et de travail sont difficiles. De plus, l'Arabie est un lieu important pour l'Islam, un lieu stratégique confirmé par la dernière guerre du Golfe.
Aller dans un pays comme l'Arabie, nous rappelle un des éléments souvent mis en valeur dans l'équipe : la qualité de notre présence et la gratuité de notre engagement. Une allusion aussi faite à la primitive Église qui est devenue missionnaire en suivant les routes du commerce et de l'économie (saint Paul) et, aussi bien malgré elle, par les persécutions qui chassèrent les chrétiens en diaspora. Nous nous rappelons que notre mission n'est pas d'abord de convertir mais de rencontrer l'autre gratuitement dans ce qu'il a de meilleur.
2°) Avec Michel G., l'équipe a été depuis longtemps sensibilisée aux boîtes d'intérim et aux situations de précarité en France. Notre équipe ne peut plus, avec son petit nombre, assumer toutes les situations. Pourtant nous savons que l'intérim marque profondément notre profession ; il faudra nous le rappeler et le rappeler à l'Église.

L'année prochaine nous ne serons plus que 2 prêtres ouvriers et un diacre. Et l'appel des jeunes ?

Bien à toi

Fraternellement

Début novembre, je rencontrai les séminaristes d'Arras sur le thème : *quel prêtre pour demain ?* J'ai apprécié cette rencontre avec les séminaristes du 1er cycle et leurs responsables. Mais ces jeunes futurs prêtres semblaient peu concernés par un ministère au travail. On m'écoutait poliment comme j'écoutais auparavant au petit séminaire de Solesmes certains missionnaires, revenus d'Afrique, qui témoignaient avec de nombreuses diapositives sur leur mission là-bas. Il est vrai qu'ils nous faisaient rêver ces fondateurs d'Églises à travers les grands espaces africains. Mon image de missionnaire semblait paraître plus restrictive à ces jeunes : je n'annonçais rien du tout si ce n'est le fait d'essayer de vivre les valeurs de l'évangile à travers un créneau qui leur semblait étrange, le travail et le syndicalisme.

1991-1992

22

Fin d'un chantier et désillusions

Fin novembre, nous apprenions qu'un millier d'emplois serait requis pour l'exploitation d'Eurotunnel. Par contre, les retombées économiques et les créations de pôle d'emplois nouveaux n'étaient pas au rendez-vous. Malgré les promesses, là encore la baudruche se dégonflait cruellement. Le consortium TML commença à dégraisser et mit sur pied une cellule d'orientation avec deux antennes *CELLOR* et *BATIRE* qui tentaient de reclasser le personnel sortant. Quatre cents personnes ont pu être reclassées sur plus d'un millier.

Entre la fin d'une épopée et un avenir incertain

La fin du chantier Eurotunnel ouvrait le temps des bilans. L'intervention de Paul F. au rassemblement national de la Mission Ouvrière à la Pommeraye résuma bien la vitalité du petit noyau d'Église que suscita ce chantier du tunnel.

> *Voici une présence d'Église sur une réalité nouvelle et importante de la classe ouvrière. Présence toute petite et fragile ! Et pourtant significative et lourde de sens. Elle est signe d'une Église dans laquelle un peuple se retrouve : militants et non militants à la fois, d'appartenances syndicales différentes, d'âges différents. Une Église qui permet l'expression des travailleurs comme tels et qui accueille cette expression en prise avec les organisations ouvrières.*
>
> *Nous sommes en train de vivre une expérience d'Église avec un presbyterium diversifié : les évêques ont pris une place efficace, l'aumônier et*

les prêtres ouvriers ont collaboré étroitement, dans la confiance réciproque, le GREPO apporte sa pierre, le doyenné essaie de se sensibiliser, l'ACO a bien pris en main ce dynamisme des relais et elle est le lieu d'Église où se retrouvent ces travailleurs. Cependant une question lui est posée. Les membres d'ACO peuvent-ils inviter là où ils ne sont pas naturellement présents ? Comment peuvent-ils se rendre présents dans des lieux importants pour la classe ouvrière ?

Jean-Michel pose la question de la présence permanente d'une équipe de prêtres ouvriers après le tunnel dans un milieu significatif, comme l'hôtellerie. J'apprécie très spécialement cette place des prêtres ouvriers dans la réalisation de la mission commune.

Le lien avec l'Église a toujours été important dans la respiration de mon ministère. Je comprenais un peu mieux l'utilité de vivre la complémentarité des ministères dans l'Église : être prêtre peut se vivre de différentes façons et en pleine harmonie. Mes copains de travail ne faisait-il pas aussi l'expérience de l'Église à travers l'ouvrier que j'étais ? Sans oublier que, pour moi, ce ministère de prêtre ouvrier devait se vivre aussi par la militance dans le syndicalisme. La difficulté de son expression sur les chantiers du tunnel restera pour moi une écharde et une question tout au long de mes pérégrinations.

J'aurais aimé, suite à mon départ, qu'une équipe hôtellerie se mette en place. Mais cette époque était déjà révolue dans les années 90. Et il n'était pas bon de réveiller un passé déjà révolu pour la Mission de France.

J'envoyai une lettre à l'évêque d'Arras (complètement utopique) en date du 22 avril 91, résumant ainsi mon attente :

Cher Père Évêque,

Le temps passe vite, et ce ne sont pas les quelques giboulées, ni les saints de glaces du printemps qui arrêteront le soleil de l'été ! La saison étant malgré tout propice aux projets, je me permets de vous faire cette demande.

Partant du principe que ma présence dans votre diocèse n'est pas à durée illimitée, mais qu'en tout homme sommeillent les traces de la pérennité, j'aimerais avoir votre accord et votre initiative pour que le travail commencé avec votre Église soit continué ; sans doute d'une autre façon, mais en gardant l'intuition première : présence d'un prêtre professionnel parmi des professionnels dans un milieu précaire et de mouvance qu'est le milieu hôtelier…

Après en avoir parlé avec J. Danckaerts, M. Vieillard et P. Falala coordonnateur de la Mission Ouvrière, il ne nous semblerait pas farfelu d'avoir une équipe hôtelière sur le littoral qui continuerait cette présence d'Église particulière pour « l'après tunnel ».

… Le diocèse de Lille semble aussi regarder avec attention cette dimension hôtelière nouvelle dans la région. Pourquoi ne pas imaginer une équipe hôtelière de prêtres ouvriers avec 2 antennes ; l'une sur le littoral et l'autre à Lille ?

… Voilà donc, sans détour, mes préoccupations d'aujourd'hui, elles sont partagées par vos collaborateurs et je sais qu'ils vous en ont déjà parlé. Je pense que vous accueillerez cet appel.

Père Évêque, je vous souhaite bon courage et vous assure de mon attachement et de mon amitié.

Quelque temps plus tard, je recevais cette réponse du père Derouet.

29 avril 1991
Cher Jean-Michel,
(…)
… J'ai passé ma journée à Ambleteuse, et j'ai pu, en parcourant la route Calais-Marquise, me rendre compte de l'ampleur des travaux.
J'ai beaucoup aimé votre réflexion philosophique sur le fait « qu'en tout homme sommeillent les traces de la pérennité ». C'est de la bonne pérennité, puisque vous envisagez de survivre à votre action par le lancement d'équipes hôtellerie. Inutile de vous dire que je suis parfaitement d'accord. Les réflexions que vous faites d'ailleurs sur l'éclatement du monde ouvrier, sa perte de mémoire, ne sont pas sans être inquiétantes, mais c'est hélas la réalité.

(...)
J'appelle à temps et à contre temps. J'espère que les jeunes, de plus en plus nombreux, seront motivés par le Christ et son Église. Merci encore des jalons posés avec la Mission de France.
En ces lendemains de Pâques, je vous redis, cher Jean-Michel, ma bien fidèle et fraternelle amitié, dans le Seigneur et son Église.

Après de nombreuses autres lettres adressées à la Mission de France, l'équipe hôtelière ne vit, évidemment, jamais le jour. Cela n'était assurément plus dans l'air du temps.

Aigreur et ressentiment

Je n'étais pas le moissonneur, peut-être qu'un semeur ! La Mission de France avait déjà « sacrifié » ses principales équipes de prêtres à vocation « socioprofessionnelle » comme les transports, maintenant l'hôtellerie, ensuite la marine, suivie des BTP.

Les raisons ont été multiples et variées, mais toutes aussi inacceptables à mon point de vue. La Mission de France vendait peu à peu son âme pour un plateau de lentilles en implantant ses futures équipes, essentiellement sédentarisées et liées aux différents diocèses, sans plus tenir compte de la radicalité de certaines implantations ministérielles nomades et extraterritoriales prétextant le fameux « retour de mission ! »

L'histoire de l'équipe BTP a pourtant toujours été exemplaire, se mettant au service des diocèses là où il y avait des grands chantiers (et il y en a toujours !) Pourtant l'histoire ouvrière des nomades du tunnel restera, elle ! Ainsi que celle de l'Église mission ouvrière locale du littoral... C'est ensemble que nous avons pu écrire un petit bout de cette histoire.

Février, je sentais la fin... Je me décidai d'acheter une caravane d'occasion, comme les autres copains : une *Adria*, pas chère. La semaine suivante, j'étais muté dans l'Est de la France, à Toul, aux carrières de Dommartin-les-Toul. C'était la première fois que je me baladais avec une caravane, non pour y faire du tourisme, mais pour y habiter 24 h/24, été comme hiver. Cela me faisait tout drôle.

Année 1992

23

Commencement de ma vie de nomade

Arrivé là-bas, je retrouvai d'autres copains qui m'aidèrent à trouver une place chez un particulier. Les premières nuits, je me réveillais souvent : bruits non identifiés… Le matin, des oiseaux « sautillaient » sur le toit de la caravane, sensible au moindre coup de vent. La nuit, je me croyais dans un bateau. Lorsqu'il pleuvait, la caravane se transformait en toile de tambour amplifiant le bruit des gouttes qui tombaient. Petits inconvénients vite oubliés car, à Toul, l'ambiance était bonne et le travail facile. Il s'agissait de remplir des tombereaux de gravier pris dans la Meuse, de les stocker sur un dépôt d'où il était séché et trié.

Le soir, je faisais un peu de courrier. J'envoyai une lettre à Michel G en Arabie Saoudite.

Mars 92

Cher Michel,

Mon travail consiste à remplir les tombereaux du gravier pris dans un bras de la Meuse. On est une petite équipe de huit, bien soudée.

Pourtant deux gars se sont déjà fait éjecter du chantier ; l'un, un peu porté sur les canettes de bière, a trouvé le moyen de mettre son camion (un tombereau articulé de 30 t) sur le toit, les 6 roues en l'air, heureusement sans dommage pour lui. L'autre, soupçonné déjà de fauche de gasoil, a réussi à renverser la trémie de cailloux avec sa chargeuse, et ça devant le conducteur de travaux qui revenait d'une réunion de chantier ; je ne te dis pas l'ambiance du moment : le chantier (extraction) a été arrêté une semaine…

Maintenant notre vie de nomade s'organise, notre chef, oh merveille !, est sympa. Les gars viennent de Normandie, Clermont-Ferrand et Calais. Quelle différence de comportements d'avec des travailleurs locaux comme à Calais !

On s'organise, c'est un peu la fête tous les jours : un couscous par semaine le mercredi soir, le chef a déjà ramené son barbecue pour les jours meilleurs. Le vendredi, journée continue jusqu'à 14 h, mais à 12 h arrêt casse-croûte d'une demi-heure, organisé par le chef. Le frigo du chantier est plein et on ne meurt pas de soif.

Il est vrai aussi que pour moi, je suis moins pressé de rentrer en caravane et je traîne plus longtemps sur le chantier avec les gars ; des liens se nouent et je suis invité à droite et à gauche. Un jour, en reconduisant le bulliste chez lui à Verdun, à la fin de la semaine, celui-ci m'apprend qu'il a fait 10 ans de taule, une histoire extraordinaire… que je ne peux te raconter que de vive voix

Ma nouvelle vie de caravanier fait que l'univers familier se rétrécit bien un peu, mais les contacts extérieurs sont plus chaleureux et tous azimuts…

Je décidai aussi de donner des nouvelles à l'évêque d'Arras.

Celui-ci me répondra en mars :

Cher Jean-Michel,

Je suis confus, j'étais sur le point de vous écrire, mais c'est vous qui me devancez !

J'avais bien reçu votre compte rendu, à la date du 29 janvier, mais j'étais à Rome…

Je m'aperçois que vous êtes maintenant du côté de Nancy, et en caravane. J'ai été très heureux de savoir ce que vous devenez. C'est un autre style. Vous vivez une vie absolument passionnante. Sans doute regrettez-vous un peu le hameau de Wissant, mais comme vous le dites, il faut toujours se réadapter et refaire son environnement.

Je n'ai fait que mon devoir fraternel en vous accueillant. J'étais tellement heureux. Avec vous, j'espère que le « projet hôtellerie » va se réaliser.

Dans l'attente du plaisir de vous revoir, je vous redis, cher Jean-Michel, toute mon amitié fraternelle.

Transféré en Vendée, le 12 mars

Le 12 mars, j'étais transféré en Vendée pour la création de l'autoroute A 83 Montaigu/les Essart. Un gros chantier ! Je trouvai un emplacement à louer pour ma caravane au Brouzils, dans la forêt de Gralas. J'annonçai la bonne nouvelle à Michel G., toujours en Arabie.

Mai 92

Cher Michel,

Mon chantier de Toul est terminé. Notre équipe de travail a complètement éclaté. Je suis transféré au Sud de Nantes, à Montaigu, en Vendée. Je suis donc parti avec ma petite caravane faire mes 700 bornes et m'installer dans un premier temps dans un camping à La Guyonnière, pas très loin des Herbiers.

Nous construisons la continuité de l'autoroute A 83 entre Montaigu et Niort. Sur le terrassement il fait chaud, il y a de la poussière partout et il est interdit d'arroser, sécheresse et pénurie d'eau obligent. Ces chantiers transforment, vite fait, le terrain naturel (champ de blé ou prairie) en désert poussiéreux. Je crois que le mot farineux serait plus juste, on s'enfonce dans cette farine jaunâtre jusqu'aux chevilles. Lorsque les engins passent, le soleil s'obscurcit et je m'arrête car je ne vois plus clair pour travailler. Les filtres à air des engins sont à faire tous les jours. Le soir j'apprécie la douche.

Avec une Liebherr 942, *je défriche les haies, enlève les souches… Un bull ou un tracks enlève la terre végétale ; j'enlève ensuite les déblais à la cote et je « talute » derrière une* Case 350, *une belle bête !*

Au début, on ne se disait pas grand-chose entre nous. Un mois après, on commence à sympathiser entre travailleurs et entre caravaniers. Le

Pastis coule à flot. Je leur ai fait goûter la bière du Nord, et je crois bien que la prochaine fois il va falloir ramener une barrique !

Du coup, en se renseignant, les gars du coin m'ont indiqué un autre camping rural moins cher, plus proche du lieu de travail et tout aussi agréable. Il se situe à La Rabatelière, près de Saint-Fulgent. C'est dans la forêt de Gralas.

Les week-ends je me retrouve un peu seul, mais c'est l'occasion de visiter le terroir et de goûter les vins du pays dans les différentes caves de Vendée… Redoutable !

J'écris un autre courrier adressé à Raymond Hatte, responsable régional des prêtres ouvriers dans le Nord-Pas-de-Calais :

Salut Raymond

Merci de ta belle et longue lettre : des bonnes et moins bonnes nouvelles… J'ai reçu le compte rendu de réunion de Rexpoëde : J'ai lu avec intérêt le paragraphe VI - 9 : création d'un milieu significatif dans l'hôtellerie. La question des militants est bien posée.

(…)

Toutes ces initiatives me remplissent de joie et me donnent du courage pour continuer ailleurs, accompagner d'autres initiatives d'Église comme sur le sol Vendéen par exemple…

Et le chantier ? Justement parlons-en…

Le chantier s'installe donc sur 22 km entre Montaigu - Les Essarts : l'A 83 : scrapps, pelles, dumper sont à l'œuvre dans le bruit et la poussière. Mais à la moindre goutte d'eau, à cause de la configuration du terrain, tout s'arrête : c'est le bourbier. Alors on travaille jour et nuit par postes de 8 h. Actuellement, j'ai la chance de travailler de jour sur une pelle de moyenne production une Liebherr 942 ; mon travail consiste à défricher, enlever les souches et les charger, décaper la terre végétale là où les bulls ne peuvent accéder, et lorsque la grosse cavalerie est passée, je repasse pour mettre à la cote, je refais les talus, ajuste les rétablissements avec les routes coupées, la finition, quoi !

Je change souvent d'équipe et de chef. Chaque chef a sa portion de chantier : avec certains je m'entends très bien, mais avec d'autres c'est la galère ; c'est sans doute réciproque !

À part cela l'ambiance est bonne…

Un copain, chef d'équipe, avec qui j'avais travaillé à Toul, est venu passer quatre jours de vacances avec moi, sur le terrain, avec femme et enfants. On a bien discuté et passé de bons moments. Je suis d'ailleurs invité à la fête de famille à l'occasion de la naissance de son 3e enfant. Toutes ces petites choses font la vie.

Il est vrai aussi que la vie en caravane nous rapproche de la nature : cet été, je partage mon sucre avec des colonies de fourmis ; et mon duvet avec des chenilles de passage ou des araignées. Le vent me berce la nuit et la pluie me réveille au son des tambours. Un soir, un hérisson, un peu frimeur, est venu bouffer mes lacets de godasse dans mon auvent, il faisait beaucoup de bruit comme s'il était chez lui.

Dimanche dernier, je me suis mis à la pêche autour de la grosse mare pas loin de la caravane. Avec des copains, nous avons pêché une vingtaine de gardons et quelques petites carpes, 2 seaux pleins ! Nous les avons remis à l'eau.

Dans le petit bois des Brouzils, d'autres caravanes se sont installées : des gars de différentes boîtes en sous-traitance. Le soir, on mange souvent ensemble et le barbecue marche plein pot. Et parmi les odeurs de saucisses et de viande grillée les discussions vont bon train.

Certains savent que je suis prêtre… ; à travers les discussions et les questions, je m'aperçois que chaque homme se révèle dans sa complexité, comme une planète ou une étoile lointaine avec son histoire, ses questions, ses vérités et ses errances, sa solitude. Il est vrai que le souvenir qu'ils ont de l'Église se résume aux attitudes du curé de l'époque et au caté de leur enfance, c'est loin ; le souvenir de cadres religieux de leur enfance ne semble plus très adapté à ce style de vie d'adulte.

J'essaie de découvrir avec eux que l'évangile n'est pas aussi éloigné de notre vie, que leur histoire de déplacé à un sens, puisque des prêtres y sont aussi.

En parlant d'Église, j'ai pris contact avec les prêtres ouvriers de la Roche-sur-Yon. On va démarrer en septembre, ainsi qu'avec l'ACO du coin. J'ai été invité à un pique-nique de rentrée : sympa. Je suis en terre de chrétienté, mais la moyenne d'âge du clergé vendéen, encore nombreux, est aux alentours de 65 ans. Peu de séminaristes pour la relève. Là aussi un monde religieux va s'écrouler, mais cela ne semble pas être un drame pour les plus jeunes.

Dans l'entreprise, nous avons voté pour les délégués du personnel et le comité d'entreprise. J'ai bien essayé de me mettre sur les listes un peu bidon, mais ma candidature fut refusée... par la direction du chantier. J'attends l'année prochaine ; les élections seront sans doute un peu plus ouvertes.

Bien à toi Raymond.

Des réunions d'équipe de plus en plus tendues

Je gardais toujours un lien avec notre équipe de Guilherand-Granges. Déplacements en avion Nantes-Lyon et Lyon-Valence en train ! Nos réunions devenaient de plus en plus tendues : quelle place donnée aux retraités de plus en plus nombreux ? Comment assurer la relève ? Nous n'étions plus que trois à travailler : Michel G. en Arabie, René Marijon, notre diacre, sédentaire à côté de Grenoble et moi-même. À chaque tour de table, on ressentait le décalage important entre ceux qui travaillaient et les autres. Aussi, je proposai de faire une sous-équipe de salariés, mais l'idée ne fit pas l'unanimité.

Voici quelques extraits du compte rendu révélateurs du malaise :

On prend de l'âge *: Quelques-uns vivent déjà le temps de la retraite, pour d'autres elle est toute proche. Pas facile de rester en connivence avec ce monde du travail lorsque soi-même on n'en est plus. Et pourtant, on ne peut se contenter d'une voie de garage. Certains continuent à tisser les liens qu'ils avaient avec les immigrés : associations diverses, organisation Amicale Franco Turque, etc.*

***Une question radicale** qui se pose autant à ceux qui sont déjà en retraite qu'à ceux qui y seront bientôt : qu'avons-nous semé ? On a vieilli, on aurait aimé finir « en beauté », mais la situation (la nôtre et celle des BTP) nous fait prendre conscience que la lutte doit prendre d'autres formes aujourd'hui, notre « style de présence » également. Alors quelle Espérance ?*

***Mais il ne faut pas rêver** : L'avenir est devant nous. Avenir souvent teinté pour les plus jeunes par l'incertitude de l'embauche, des embauches à temps très limité (3 mois). Il ne faut plus rêver à ce qu'on a vécu il y a 15 ans dans les grands déplacements et les grands chantiers (si ce n'est à l'étranger). N'est-ce pas réalisme que de faire avec ?*

Et quelques réflexions de copains qui présageaient bien l'avenir de notre équipe BTP en retraite et de la mienne par la suite.

***« La retraite est la paye de mes douleurs physiques** et du temps d'apprendre autre chose en vivant autrement, la paye du temps que le travail me laisse encore à vivre. »*

*« Prêtre ouvrier à l'équipe du bâtiment et des travaux publics, depuis 25 ans, j'allais de chantier en chantier en France et à l'étranger. À partir de Juillet 92, le « voyage » est terminé. Licencié, je suis un chômeur qui à 59 ans, dispensé de recherche d'emploi, qui s'achemine vers la retraite. **C'est plus qu'une rupture, c'est la fin, une certaine manière de n'être plus rien ; comme disait un copain : « Brusquement on te balance dans le couloir de la mort. »***

***« J'ai vécu "la valise à la main"**, pas un coin où j'ai pu prendre racine ; j'ai des liens, beaucoup de liens, trop peut-être et partout à travers le monde ; mais pas encore un chez-moi qui puisse être mon quartier, ma ville. »*

***« Ai-je encore une patrie ?** Sur le dernier chantier en Seine-et-Marne, les expatriés, ceux de l'entreprise qui ont travaillé à l'étranger, s'entendaient appeler : « Vous les étrangers ! » ; la France elle- même me paraît à certains jours étrange. »*

Pourtant il n'était pas question pour moi de changer d'orientation ni de métier. L'engagement et la fidélité ne se résumaient pas à faire une expérience en classe ouvrière et je sentais de nouveau planer l'ombre du reproche d'être à mon compte personnel.

Année 1993

24

Une messe sur le chantier

Le 31 Juillet 1993, j'assistai à l'ordination diaconale de René Marijon. Après la célébration en l'église Saint-Luc à Lyon, l'évêque de la Mission de France lui remit sa lettre de mission libellée en ces termes :

La lettre de Mission de René MARIJON, diacre permanent pour l'équipe BTP

... C'est là, avec l'équipe des BTP, que tu vivras le ministère diaconal que je t'ai confié, portant à des populations déracinées et migrantes l'attention et la solidarité d'une Église qui doit aussi les écouter et les servir.

Ce peuple sera présent au cœur de ta prière et de ta relation à Dieu.

André LACRAMPE
Évêque de la Mission de France.

Cette lettre de mission exprime bien la richesse et la diversité des ministères institués par l'Église. L'un n'a pas été créé pour remplacer l'autre, quoi qu'en pensent quelques petits visionnaires d'Église[20] ! Les diacres sont là pour manifester que c'est toute l'Église qui est servante et pauvre dans l'annonce de l'évangile.

Quant aux prêtres, ils n'ignorent pas non plus qu'ils ont été en premier lieu *diacre.* À côté de l'évêque, ils veillent à ce que la même foi s'exprime dans les assemblées et qu'elle se proclame à l'extérieur.

20. On entendait dire que les prêtres ouvriers des années 50 préfiguraient les diacres des années 80.

Ils convoquent, président et font mémoire. Ils veillent à l'engagement du côté des plus petits parce que Dieu s'est incarné et engagé personnellement dans l'histoire des hommes, surtout auprès de ceux qui pensaient n'avoir pas d'histoire.

Les évêques non plus ne sont pas exemptés du ministère de proximité. Lorsque j'invitais un évêque à venir rencontrer les travailleurs du chantier, aucun évêque n'a délégué un diacre pour aller voir ce qui se passait sur les chantiers.

Dans cette tradition, les prêtres ouvriers ont particulièrement contribué par leur exemple et leur réflexion à authentifier cette ouverture de l'Église au monde du travail manuel et à vivre l'exigence de l'évangile, en payant de leur personne, jusque dans les contradictions d'une économie ne profitant toujours plus qu'aux plus riches. C'est contre cette idéologie du profit que Dieu s'est aussi engagé.

Ce compagnonnage et cette proximité des prêtres dans le travail salarié peuvent sembler à certains du gaspillage : on a tellement besoin de prêtres ailleurs ! Pourtant, n'est-ce pas aussi une façon privilégiée qu'a l'Église de signifier l'amour gratuit de Dieu, en envoyant certains de ses ministres signifier cette présence dans les milieux précaires, comme l'intérim, les transports routiers et maritimes, l'hôtellerie, les BTP ? C'est cette présence ministérielle qui pourra authentifier l'histoire des vrais pauvres de l'évangile dans tous les milieux et d'en faire mémoire.

Le fait de vivre en caravane, déplacé parmi les déplacés, de chantier en chantier, errant à la recherche de l'emplacement où mettre sa caravane, est aussi une chance d'être proche des copains de travail, mais aussi proche de ce Dieu, qui primitivement, s'est révélé d'abord à des nomades. Notre père Abraham n'a-t-il pas fondé cette découverte d'un Dieu unique et pragmatique dans ses déplacements. Dieu, en se révélant ainsi, n'a-t-il pas pris le risque d'être défié, mal compris et de se perdre parmi nous ?

Mais je sais aussi qu'il a promis à la Samaritaine de l'évangile qu'un jour viendra où l'on ne l'adorera plus dans les Temples, les églises ou sur les montagnes et les autels, mais en Esprit et en Vérité.

Revenons en Vendée

Les fins dernières n'étant pas encore arrivées… j'étais de plus en plus sollicité pour donner un coup de main à Robert, chef de chantier, responsable de la sécurité. Une grande première sur ce chantier ! Pour la première fois, je voyais une réelle attention sur les conditions de travail et une sensibilisation sur la prévention des accidents du travail. On déplorait à l'époque plus de 350 tués par an dans les BTP. L'entreprise demanda à certains volontaires de participer à un stage de secouriste du travail. On était une petite dizaine.

Au niveau de la sécurité, le boulot consistait à planter des panneaux de signalisation sur le chantier, pour indiquer les sens de circulation, limiter la vitesse de circulation (c'est important lorsqu'on sait que des *scrapps* ou des *dumpers* approchant les 100 tonnes en charge peuvent rouler jusqu'à 70 km/h), baliser aussi les trous (surtout pour la nuit).

Tous les jours, selon la configuration du chantier, on changeait les panneaux de place. Nous avions aussi la responsabilité de la signalisation aux alentours du chantier : indication ou balisage, déviations, circulation alternée, entretien des batteries des feux tricolores (fonctionnant parfois le week-end).

Au mois de novembre, Robert fut mis en congés maladie : de graves problèmes à la colonne vertébrale. Me voilà parachuté du jour au lendemain responsable de la sécurité sur ce chantier de 22 km de long. Je fis des stages pour suivre une formation sur la législation et les règles en matière de sécurité. Boulot intéressant, mais boulot à responsabilité ! Je ne comptais plus mes heures, ni les astreintes les week-ends. Je conservais mon salaire de conducteur d'engins, augmenté de primes liées à mon rôle de chef d'équipe. J'étais aussi chargé d'accueillir les nouveaux arrivants, de savoir s'ils avaient trouvé un endroit pour mettre leur caravane, et de leur communiquer les consignes de sécurité, le plan du chantier ainsi que baudrier et chaussures de sécurité.

Le soir, j'étais heureux de décompresser et de me détendre avec mes voisins de caravane. Après avoir bu « quelques canons », les mêmes questions revenaient : « Alors tu es prêtre ? Tu dis encore ta messe ? Elle est où ton église ? » Je leur expliquais que je n'étais pas le seul prêtre dans ce cas, qu'il y en avait d'autres, envoyés en « toute légalité » par les évêques, nos patrons. Et qu'il n'y avait, en ce qui me concernait, aucune connivence entre nos patrons d'entreprise et les évêques !

Une expérience de grande vérité

En mars 1993, je fus sollicité pour écrire dans le journal diocésain *Vocation.*

Certes, le quotidien me rappelle souvent à plus de prosaïsme. On m'a envoyé pour vivre l'Église et j'y rencontre la tempête, la grêle, la pluie, la boue, la chaleur, la poussière, des engins qui hurlent et qui arrachent la terre, des hommes qui gueulent et qui pleurent, qui se saoulent et se blessent, parfois se tuent (1 tué par jour en France pour les bâtiments-travaux publics).

Parfois, il m'arrive de méditer sur l'expérience d'Élie : « Il y eut un grand ouragan, si fort qu'il fendait les montagnes et brisait les rochers, mais Yahvé n'y était pas... Puis, Élie entendit le bruit d'une brise légère. Dès qu'Élie l'entendit, il sortit et se tint à l'entrée. Alors une voix lui parvint... » (1 R 19, 11s.).

Parfois cette brise légère souffle aussi sur les chantiers ; elle ressemble à celle de Pentecôte ; elle nous réunit puis nous disperse. Ce qui nous aide à tenir, c'est la mémoire, les traces qui y sont laissées, les événements vécus sur d'autres chantiers. Parfois, on se revoit, on se raconte les nouvelles d'autres chantiers, mais toujours il faut repartir.

Croyant et prêtre...

Croyant, je le reste, mais toujours à la recherche de ce Dieu du désert qui passe et ne se laisse jamais posséder. Prêtre, je le suis, d'une Église au service d'une Bonne Nouvelle du Royaume, entendue par tous les hommes, de tous lieux et de toutes races. Les hommes des chantiers savent faire la fête et partager, mais nous rencontrons aussi les boiteux de l'Évangile, meurtris par un travail trop lourd ou par le chômage, marqués par les accidents du travail, obligés de partir là où les chantiers les demandent, sans perspective d'avenir, jouets des événements et des hommes. Des copains deviennent comme des sourds et des muets, ne comprenant plus le sens de leur travail, ne pouvant plus communiquer ou se faire entendre.

Qui leur fera comprendre qu'enfin les boiteux ont marché, les aveugles ont vu et les sourds ont entendu ?

Un ministère de proximité

Ce ministère de la proximité a été confié à toute l'Église, sans distinction de prêtres, évêques, diacres, religieux, laïcs, hommes ou femmes. Il en va de la crédibilité même de cette Parole qui s'est faite chair. Prêtres d'une Église qui essaie de célébrer cette mémoire vivante, pas uniquement entre initiés, mais partout où souffle l'Esprit. Souvent nous constatons que le peuple qui nous fait vivre est le peuple de l'absence dans l'eucharistie. Et qui peuvent en témoigner le mieux de cette absence, sinon ceux qui ont été ordonnés pour le rassemblement !

J'invitai l'évêque de Vendée, Mgr Garnier, à venir visiter le chantier de TP et à rencontrer ceux qui travaillaient sur cette création d'autoroute dans son diocèse. Celui-ci ne se fit pas prier. J'organisai une rencontre avec les responsables qui lui expliquèrent les caractéristiques du chantier, puis nous fîmes la visite du chantier. Je terminai la journée par la visite de quelques copains en caravane. Le père Garnier, rencontré à Cambrai en 2004 à l'occasion de mes 25 ans d'ordination, se souvenait fort bien de cette journée qui l'avait marqué. Inviter l'évêque du diocèse était évidemment important. Cela signifiait aux copains que j'étais en lien avec une autorité. C'était aussi l'occasion de manifester que l'Église s'intéressait aussi au monde ouvrier.

Une messe sur le chantier ?

Les copains, mais aussi une partie de la direction, me demandèrent de dire une messe sur le chantier. Moment émouvant ! Voilà, qu'en terre païenne, on souhaitait une messe... Dans un premier temps, je fus réticent à cette idée : un chantier n'est pas une église.

Pourtant, j'en fis part à mon équipe d'ACO des Brouzils... Après avoir réfléchi, on décida de relever ce défi en paroisse, avec le souci d'intégrer tous ceux qui étaient sensibilisés par ce chantier, en particulier ceux qui nous accueillaient sur leur terrain en caravane.

Mon chef de chantier, ne reculant devant aucune démesure, m'offrit un Jéroboam (bouteille de 5 litres) en me disant : « Tiens curé ! Du très bon vin pour dire la messe » !

Puis le jour J arriva.

Voici comment a été relaté l'événement par l'équipe d'ACO dans le journal paroissial des Brouzils :

Six mois après, à la demande de ses copains de travail, Jean-Michel, le prêtre ouvrier, propose de célébrer « dans la paroisse ». Tractations avec Louis, le curé... Jean-Michel célèbre avec Guy, un autre prêtre ouvrier de Vendée, et un copain prêtre de la Mission de France.

Les enfants en ACE font des banderoles sur le thème de l'autoroute et posent des questions, dans l'église, aux ouvriers, sur leurs conditions de travail. Un bulldozer, fabriqué en Lego, est présenté à l'offertoire par les enfants et roule même sur l'autel. À la fin de la célébration, un pot est offert par l'ACO, on y retrouve des travailleurs de l'autoroute, des paysans ayant accueilli des caravanes des ouvriers du chantier et des paroissiens étonnés de voir tout ce monde. Andrée, membre de l'ACO : « J'ai beaucoup aimé la célébration, la place des outils dans le travail, et sur l'autel, la place de la nature, le sens de la justice, et le vin de la consécration, vin de la joie, mais aussi vin source de discordes dans certaines familles. »

L'autoroute aurait pu diviser, en fait, elle a jeté des ponts... Un pont : entre l'ACO, la JOC, l'ACE ; un pont entre mouvements d'Action catholique et la paroisse; un pont entre pratiquants habituels et travailleurs ébahis, comme P'tit Louis, jouant de la guitare à l'église. Un beau travail d'Église! On en parle encore un an après, sur le chantier finissant.

Équipe d'ACO des Brouzils

Notre travail de préparation avait permis de rassembler des gens divers autour de cette célébration; l'Église en mission ouvrière avait donné le juste signe de sa vocation, celui du rassemblement. Le signe de mon sacerdoce au travail se trouvait pleinement authentifié par cet événement réclamé par l'extérieur. Cela resta un moment fort signifiant le sens du ministère du prêtre ouvrier.

Pourtant, sur le moment, je n'étais pas sûr de la clarté du signe. J'avais peur que ce soit une manipulation de la part de la direction pour me faire passer pour «l'assistante sociale» du chantier, l'aumônier des travailleurs, le prêtre qui adoucit les mœurs et les conflits.

Un jour, alors que je demandai une augmentation de salaire, mon patron me rétorqua: «Mais enfin l'abbé, vous êtes suffisamment payé, les travaux publics c'est comme un sacerdoce, si vous y êtes, c'est que vous avez la vocation, vous devriez le savoir!» Je n'appréciai guère ce genre de plaisanterie; cela rajoutait encore à l'ambiguïté de ce que je pouvais devenir. Je repensai alors au Tunnel sous la Manche où tout me paraissait plus simple.

Réunions d'équipe difficile

J'envoyai une lettre à Michel, pour l'informer des dernières évolutions.

Les Brouzils le 2 novembre 1993

Cher Michel,

J'ai été heureux de lire ton courrier et d'apprendre qu'en Arabie il faisait toujours soleil! En Vendée, il semblerait que ce soit la période de la mousson! Depuis peu, je fais fonction de responsable de la sécurité sur tout le chantier. (...) Les copains de boulot m'ont dit que je serais plus utile pour eux à la sécurité que sur ma pelle. « C'est bien qu'un prêtre ouvrier soit à la sécurité ! » Le conducteur de travaux m'a dit : « T'es pas trop con, tu pourrais faire ce boulot, mais méfie-toi il est ingrat. »

Dernièrement, les gars des dumpers *ont réclamé une arroseuse sur le chantier, à cause de cette poussière ; puis ils ont décidé de rouler en vitesse lente... très lente même. Deux jours après, il y avait une arroseuse de 15.000 litres sur le chantier, et l'air est redevenu respirable pour tout le monde. Au week-end de l'Ascension, je ne serai pas à l'atelier BTP à Guilherand. La communion d'Amélie, à laquelle j'étais invité depuis de longue date chez mes anciens logeurs à Wissant, a emporté la décision. Je pense d'ailleurs que les prochaines réunions d'équipe ne me verront plus à Guilherand. Montaigu n'est pas la porte à côté.*

Michel R. est au chômage, déguisé en retraite anticipée... à quand notre tour ?

J'espère lire bientôt de tes nouvelles,

À bientôt. Amitiés.

Les semaines de travail de 45 ou 50 heures ne me faisaient pas peur, mais il fallait aussi revenir à Valence une fois par mois pour participer aux réunions d'équipe, composée de plus en plus de retraités, qui m'étaient de plus en plus difficiles à supporter !

À cette époque, notre thème de réflexion était justement : *Espérer contre toute logique !*

Voici ce qui me marqua et que je lis dans un compte rendu de réunion.

Par nos métiers des BTP nous sommes de plus en plus confrontés à cette logique implacable du profit et des bénéfices, et cette logique modifie de plus en plus la relation au travail et de ceux qui la subissent : « L'ouverture économique européenne et mondiale accentue cette réalité. L'objectif, c'est la gagne, quitte à écraser ou acheter les autres, sinon c'est notre propre perte. Les ouvriers sont les premiers à subir cette réalité. »

Autrefois, l'action syndicale avait une efficacité plus grande. Aujourd'hui, elle est marginalisée. Pourtant elle est nécessaire, sans quoi « c'est notre propre humanité qui est rongée quand on se tait, quand on s'écrase, ou que l'on pactise ». Quand on agit pour faire avancer les choses, il y a inévitablement des répercussions. Mais nos organisations syndicales doivent inventer du neuf pour continuer. L'analyse marxiste permet de mieux comprendre les mécanismes d'exploitation. Cependant, on ne voit pas bien comment s'en servir. (…)

Espérer, qu'est-ce que ça veut dire ?

La définition dit ceci : « Considérer ce qu'on désire comme capable de se réaliser. »

L'espérance que j'essaie de vivre est celle d'un peuple ou d'une communauté de destin. D'ailleurs l'espérance a toujours été le moteur des peuples, et en particulier celui d'Israël : référence mythique et fondatrice.

Dans l'histoire d'Israël, l'unité du peuple s'est faite par sa foi au Dieu unique, et le moteur de son histoire semble être son espérance aux différentes promesses, scellées par des Alliances avec son Dieu : descendances nombreuses (Abraham), terre promise (Moïse) et Messie sauveur (les prophètes).

Mais…

Avec Abraham, c'est la promesse d'une nombreuse descendance ; il a quitté son pays, mais il n'a jamais pu voir sa descendance.

Avec Moïse, ce fut la promesse d'une terre où couleraient le lait et le miel. Moïse a œuvré et combattu pour découvrir et construire cette patrie, mais lui-même n'a jamais pu y vivre.

Puis avec l'exil et ses prophètes, ce fut la promesse de la venue d'un Messie, un libérateur, un roi, un nouveau Moïse.

Un homme, Jésus, a dit qu'il réalisait cette promesse, mais les siens ne l'ont pas reconnu. Jésus lui-même a espéré dans la venue du Royaume, mais la mort est venue, libérant son espérance en chacun d'entre nous par sa résurrection.

Ce que je retiens de ces quelques moments clés de l'histoire d'Israël, c'est que l'espérance fait vivre et agir mais continue à poser question. Elle fait appel à l'imaginaire spirituel de l'homme mais elle s'en échappe. L'espérance crée et unifie un peuple, mais sa finalité est toujours à redécouvrir.

J.-M.V., janvier 85

Année 1993

25

La mort de notre théologien

Nous apprenions la mort de Bébert Grimaux, le 15 août. Bébert était le théologien de l'équipe, notre ciment. Il nous aidait à dégager le sens de notre vie de travail et à poser les vraies questions. Il avait écrit *Spiritualité des prêtres ouvriers du bâtiment et des travaux publics (BTP)*.

Voici ce qu'il écrivait en introduction :

Ces prêtres qui ont choisi cette profession au nom de l'Évangile, font l'expérience du désert, de l'exil, d'une Église sans frontières. Le désert est un lieu de marche, de déplacements, le lieu privilégié des nomades. Il faut sans arrêt y poursuivre son chemin, sans repères, sans route balisée. Ici, peu de traces de passage des hommes : quelques pierres pour le feu ou le bivouac. Très vite, la tempête de sable aura englouti ces frêles indices. Tout ce que l'on bâtit, avec peine, sur un chantier, est marqué de la précarité et de l'éphémère. Le désert est aussi l'endroit des mirages : remparts d'une ville où l'on serait enfin protégé de la bourrasque, oasis où savourer la fraîcheur d'une amitié…

Aujourd'hui, les déserts des hommes ne sont pas seulement géographiques. Ils sont au cœur de nos foules urbaines, dans le creuset de la souffrance, dans la nuit du doute.

De nos récits, il en avait découvert la vie comme un botaniste découvre des fleurs dans le béton, et il nous disait :

Ne cherchons pas à les cueillir, elles se faneraient. Laissons-les croître dans leur poignée de terre, entre les pierres, pour qu'elles se multiplient en d'autres printemps. Toi qui t'aventures sur le chantier de la mission, marche prudemment, ces fleurs sont extrêmement fragiles.

Bébert avait aussi profondément marqué la Mission de France. Voici ce qu'on pouvait lire sur la feuille annonçant son décès :

Bébert s'était fait l'auditeur, l'écoutant attentif de ce qui était vécu, partagé, prié, dans cette équipe. Il s'en était fait le porte-parole et le chantre, mettant tous ses dons au service de cette vie spirituelle marquée par le désert, le dépaysement, l'exil intérieur et l'espérance de l'exode.

Pour les plus jeunes d'entre nous, sa disparition nous laissera comme orphelin, il nous manquait déjà ; et, pire encore, l'éclatement de notre équipe n'en sera qu'accéléré.

Le 19 août, tous ses copains étaient là pour l'enterrement dans son village en Normandie. L'église débordait de monde… L'été se terminera avec son absence… Et il n'y aura pas d'automne : pluie, vent et froidure changeront la poussière des chantiers en boue collante… L'hiver était déjà là ; et il pleuvait à l'intérieur de ma caravane : heureusement, ce n'était pas du côté du lit !

Michel G. était rentré d'Arabie, bien fatigué ; sa réadaptation en France ne sera pas facile. Il était attiré par la vie des SDF ; je ne voyais pas cela d'un bon œil et ne comprenais pas bien sa démarche. La fin de l'année arriva, annonçant aussi la fin du chantier. Beaucoup de journées d'intempéries, longues à passer dans la caravane.

J'écrivais dans mon journal de bord :

On parle de nos prochaines affectations, c'est souvent le moment des règlements de compte entre la direction, les bons et les mauvais éléments ; je constate et subis cette pression comme les autres. À chaque fin de chantier, chacun essaie de se rapprocher de son domicile, de sa famille ; en effet ce ne sont pas les indemnités de déplacement octroyées chichement par l'entreprise qui compensent les contraintes de l'éloignement. Les mauvais éléments sont systématiquement éloignés ou sont affectés à des chantiers d'agence où il faut déménager tous les 15 jours pour des petits chantiers.

Un dernier papier écrit par Bébert Grimaux avant de mourir, sentant déjà lui aussi l'avenir incertain, écrivait pourtant ceci aux environs des années 1991-92. Ce papier fut élaboré en 1991 pour préparer notre rencontre avec la commission épiscopale du Monde Ouvrier, présidé par Mgr Jacques David, en vue d'assurer un lieu privilégié entre elle et l'équipe.

Il me tint lieu de bréviaire au cours des périodes difficiles qui s'annonçaient.

Une nouvelle théologie des ministères

Au cours des années, l'intuition de départ de notre équipe devait sans cesse se confirmer et s'affiner. Les BTP constituent un véritable « milieu ». En France, 1 million 800 mille personnes travaillent dans les BTP. Parmi le personnel ouvrier, 75 % sont immigrés. Les grandes entreprises sont des holdings qui atteignent parfois des effectifs de 30, 40, 60.000 personnes.

Le travail dur et dangereux, les intempéries, la durée relativement courte des chantiers, l'obligation d'accepter les déplacements, tout cela forge un type d'homme. Ces conditions font de ce peuple des BTP un peuple de nomades avec les conséquences qui s'ensuivent : l'insécurité, le déracinement, la vie de famille.

La main-d'œuvre immigrée y est majoritaire sur tous les chantiers de grande importance et encore plus sur les chantiers à l'étranger : d'abord surtout Italiens, Espagnols, Portugais, Maghrébins puis Turcs, Yougoslaves… et maintenant Pakistanais, Sri-lankais, Philippins…

L'insécurité de l'emploi, les conditions de travail font des BTP une profession de pauvres, mal payée, exploitée. La syndicalisation y est peu importante, l'action difficile.

L'évolution de la conjoncture des BTP (crise des années 75 et suivantes) a amplifié ce phénomène de déplacement. Ce dernier, d'abord hexagonal, devient mondial. L'équipe, en fidélité au milieu, va aussi partir au bout du monde (Maroc, Égypte, Algérie, Arabie Saoudite, Terre Adélie, Pékin, Hong-Kong). Ce cheminement de chantier en chantier nous fera encore plus prendre conscience que les BTP malgré leur éclatement sont bien un peuple.

De plus en plus le travail des BTP devient un travail précaire : contrat à temps déterminé, emploi intérimaire. Ce type de travail forge aussi un type d'homme bien particulier, à tel point qu'il nous a semblé important que l'un de nous choisisse ce type de travail, balloté de chantier en chantier avec l'insécurité de l'emploi à la fin de chaque semaine.

Au cours de ces 20 dernières années, 19 prêtres ouvriers ont participé au travail de l'équipe BTP. Il y eut non seulement des prêtres de la Mission de France et du Prado mais aussi des membres d'autres familles religieuses (Lazaristes, Passionnistes et autres). Actuellement, l'équipe compte 8 prêtres et un couple dont le mari est diacre permanent.

Plus large que l'équipe, il y a « l'atelier BTP » qui réunit 2 week-ends par an une quinzaine de prêtres, diacres, religieuses, couples. Nous y échangeons notre souci commun d'une présence de l'Église aux BTP et engageons une réflexion plus large que celle de l'équipe.

Enfin, un certain nombre d'amis chrétiens, souvent rencontrés au gré de nos déplacements, forment une sorte de réseau de gens qui veulent garder des liens avec l'ensemble de notre équipe ou avec l'un ou l'autre d'entre nous. Tous ceux-là sont en quelque sorte une cellule d'Église en BTP.

Envoyé par l'Église pour l'Église

Envoyés par la Mission de France et le Prado, plusieurs évêques également ont fait appel à l'équipe BTP, en particulier pour être présent à la construction de centrales nucléaires : Blaye, Dampierre, Flamanville, Belleville, Saint-Maurice-l'Exil, et plus récemment le Tunnel Transmanche…

Ministère des prêtres ouvriers en BTP

Notre ministère est d'abord un ministère de silence et de contemplation*, une découverte et une adoration de l'Esprit au travail dans ce monde.*

Nous sommes des nomades, étrangers, devant souvent repartir comme Abraham sans savoir où ?

Plus qu'un témoignage, c'est une question que nous posons dans nos rencontres, comme Jésus avec Zachée, Marie-Madeleine, la Samaritaine ou avec le peuple des Géraséniens (Marc 5,14.20).

C'est un ministère de serviteurs inutiles*: inutilité du chômeur, du licencié ; même au travail, engagé avec nos camarades dans le mouvement ouvrier, nous avons conscience d'être comme le grain de blé en terre, qui meure... Pourtant, ne faut-il pas qu'il meure pour germer, pour que la gerbe soit possible, pour que croyants et incroyants marchent ensemble pour rendre la terre des hommes plus humaine, plus prête à accueillir le Royaume de Dieu, Serviteur, certes nous le sommes, notre inutilité n'est qu'apparente.*

C'est un ministère de prédilection à l'appel des pauvres *(...) Ceux que nous rencontrons ne sont pas boiteux mais meurtris par un travail trop lourd, dans la boue et aux intempéries, marqués à vie par les accidents du travail.*

Ils ne sont pas aveugles mais obligés de partir là où le travail, souvent intermédiaire, les conduira.

Ils ne sont pas sourds et muets, mais quelle difficulté pour se faire entendre et comprendre, étranger au milieu des étrangers.

Ils ne sont pas lépreux, mais rejeté parce que d'une autre race jugée à priori inférieure. Ils ne sont pas paralysés, mais sans défense, neutralisés par la peur de perdre leur gagne-pain.

Ils ne sont pas prostitués, mais condamnés à vendre à n'importe quel prix leur force de travail pour manger.

N'est-ce pas ceux-là que Jésus-Christ a aimés d'un amour de prédilection ?

C'est avec eux et pour eux que nous vivons notre ministère. Non pour béatifier ce type de pauvreté qui n'est qu'oppression et qui diminue l'homme, celle-ci ne peut être que combattue, mais que serait une pauvreté évangélique qui ne serait pas ancrée, enracinée dans la pauvreté du monde.

C'est enfin un ministère d'Espérance.

Espérance éveillée par tant de faits et gestes tout simples qui nous permettent de dire « le Royaume de Dieu est proche ».

Ce sursaut de dignité qui fait refuser le travail un jour de grand froid et qui fait crier « on n'est pas des bêtes ».

Le refus d'un musulman d'être traité comme esclave par un directeur de chantier trop autoritaire et qui lui dit : « T'es pas le Bon Dieu !! »

La solidarité de femmes mineures qui lavent le linge de ceux qui occupent la mine en grève, sans se soucier de la race et de la nationalité de ceux qui l'ont porté.

La fierté devant le travail terminé à la fête du méchoui de fin de chantier : « Le bâtiment là-bas, c'est moi qui ai tout fait. » Le rapprochement des croyants au Dieu Unique souligné par cet arabe en Arabie Saoudite à Najran, heureux de nous révéler que là-bas dans les ruines, on trouve des sculptures de Croissant, d'Étoile et de Croix.

Ce papier n'était-il pas une expression sur la théologie des ministères ? Les théologiens de métier nous reprochaient souvent de ne pas savoir exprimer Dieu dans nos vies. Étaient-ils sourds à notre langage ? Peut-être n'avions-nous pas les mêmes sources ?

Année 1994

26

Dislocation de l'équipe BTP

Février 1994: messe d'adieu au carmel des sœurs de la Fuchardière. Cette communauté de Vendée m'avait accueilli et écouté, elle avait porté dans sa prière la vie de ce chantier et ensemble nous avions prié ce Dieu des nomades car les sœurs se considéraient, elles aussi, en déplacement spirituel dans leur couvent. Avant de se quitter, les religieuses m'ont offert une étole comme pour mieux m'accompagner dans les célébrations.

L'état de ma caravane commençait de plus en plus à me créer des soucis; lorsqu'il pleuvait, des gouttes d'eau ruisselaient le long de la paroi. Avec la chaleur intérieure, une colonie de champignons non comestibles, évidemment, avait décidé de se développer près du plancher. Comme le départ approchait, je pris la résolution d'aller racheter une autre caravane, toujours d'occasion mais un peu plus grande, récente et plus confortable.

Chantier d'Uzerche

27 février, affectation à la déviation d'Uzerche pour l'autoroute A 20. Les équipes éclatent… la plupart des copains vendéens se font embaucher dans la région par le biais de l'intérim. Je trouvai une place pour la caravane à Saint-Ybard, dans un pré, chez Bébert et Germaine, exploitants agricoles arboriculteurs et éleveurs de bœufs limousins.

Nous étions trois caravanes installées à côté d'un étang, pas loin de la ferme pour avoir l'eau et l'électricité : le rêve quoi ! C'est là que je fis connaissance avec Guy et Jeanine Valentin. Ils avaient une énorme caravane à deux essieux. Guy était soudeur chaudronnier en mécanique : il était un as du chalumeau. Il soudait les godets de pelle usés ou qui s'étaient déchirés. Cela pouvait lui demander une journée non-stop de travail, car il fallait travailler sur un godet préalablement chauffé pendant toute la durée du travail. Guy était un artiste, et « comme tout acier » qui se respecte il avait aussi un caractère bien trempé.

Il avait voyagé dans toute l'Afrique, avec sa femme. Et le week-end ou le soir après le boulot, au moment de l'apéro, j'écoutais leurs histoires étonnantes. Parfois, il y avait deux versions différentes lorsque Jeanine était là, mais les anecdotes n'étaient que plus intéressantes.

Histoire d'une chenille qui ne voulait plus d'une pelle !

Sur ce chantier, je travaillais sur une petite pelle : une *Case 688*. Je retournais donc à la base ! Rien n'était prévu comme poste pour la prévention et la sécurité. Ou plutôt si, sur le PPSPS (protocole d'accord qui signifie les moyens mis en œuvre sur le chantier pour préserver la sécurité et responsabiliser l'entreprise en cas de coup dur), ce rôle de mise en œuvre était affecté au conducteur de travaux.

Mon nouveau travail consistait à défricher la colline, à tomber les arbres et à rassembler les branches pour les brûler. Bien vite, je m'aperçus que la pelleteuse n'était pas adaptée à ce genre de boulot, trop petite et trop faible. La pelle « déchenillait » fréquemment ; c'était évidemment la faute du pelleteur ! La tension monta entre le responsable mécanique et moi-même. Et c'est ainsi qu'une réputation de mauvais pelleteur commença à poindre et à me peser. Pourtant, avec de l'entraînement, j'arrivais à « recheniller », sans descendre de la cabine, m'aidant uniquement avec le coin du godet. Fièrement sur mes rapports à la fin de la journée, je pouvais écrire : « RAS, n'a pas déchenillé ! »

Puis un jour, travaillant dans un terrain tourbeux à la limite du marécage, l'inévitable arriva : « déchenillage » de la pelleteuse ! La boue m'empêchait d'avancer ou de reculer… Je sortis de la cabine tant bien que mal ; en chemin, je dus tirer mes bottes à la main pour les dégager de la boue qui faisait ventouse.

J'appelai mon chef qui appela le chef mécanique. Celui-ci arriva en trombe, furieux ! Voyant le spectacle, il me traita de tous les noms d'oiseaux et m'envoya un mécano pour « nous démerder » au propre comme au figuré… Une demi-heure plus tard, le camion de dépannage arriva ; un gars en descendit, me considérant pour un minable. « Tu retournes dans ta pelle et on la sort ! » me dit-il. « Bien chef ! », lui répondis-je.

Je fis donc le chemin inverse en évitant toujours que la boue ne rentre dans mes bottes. Je remis le moteur en marche, et obéissant à ses invectives je commençai à faire les « manœuvres du siècle ». Quelques minutes plus tard, la chenille se désolidarisa de la pelle, puis je perdis dans la boue la roue folle qui sert à tendre la dite chenille. Les curieux (les chefs du chantier) commencèrent à affluer pour admirer le spectacle. C'est alors qu'un des chefs décida de réquisitionner une autre pelleteuse pour tirer ce qui restait de mon engin…

L'événement fut commenté de différentes façons selon qu'on était mécano… ou conducteur de pelle… Le lendemain, j'étais convoqué au bureau du directeur. Celui-ci, mi-figue mi-raisin, me dit : « Écoute l'abbé, je pense que tu serais plus utile comme chef d'équipe que comme pelleteur ; donc, dans un premier temps, on te forme avec quelqu'un, après on verra ! » Je n'avais pas le choix… C'est ainsi que je fus initié à l'art du commandement.

N'étant pas trop loin de Limoges, je pouvais réfléchir régulièrement avec les prêtres ouvriers de la région. En juillet, je décidai de me rendre à une session des prêtres salariés Mission de France à Pontigny dont le thème était (comme par hasard !) *Un monde change, nous aussi, nos équipes aussi…*

J'essayai de décrire ce que je vivais et comprenais de ce monde en mutation.

La forme du ministère PO s'est modifiée

Le petit nombre des candidats au ministère de prêtre ouvrier modifie la façon de faire équipe.

Avec la chute du modèle marxiste communiste, nous avons du mal à objectiver l'utopie qui donnera sens à l'action et à l'histoire.

La notion de militance se déplace. Les jeunes et les retraités deviennent militants pour des causes humanitaires. L'adversaire des classes ouvrières est moins identifiable dans nos luttes

Nos convictions et idéologies se nuancent, se complexifient. Les moyens de luttes et de contestations ne sont plus les mêmes. Il y a peu ou plus de grandes concentrations ouvrières. On reste rarement dans la même entreprise toute sa vie. Le chômage comme moyen économique pour faire baisser les salaires et pour calmer les travailleurs pose question. Les patrons décideurs ne sont plus là où on le pensait. Il faut compter avec les spéculateurs, les banquiers, les actionnaires, les politiques, etc.

Mais les intuitions de départ sont renforcées.

Il y a toujours les exploiteurs et les exploités, avec aujourd'hui les exclus du système que l'on appelle chômeurs ; ces exclus, pour la société, sont réduits à des morts vivants, des blessés mis hors circuit économique. La société les entretient chichement comme réservoir de main-d'œuvre bon marché ; on les entretient comme des handicapés de la société ou des blessés de guerre ou mieux des fainéants.

Il est important de dénoncer l'amoralité d'une telle société, en restant dans les circuits économiques qui s'emballent, et dont l'homme (le peuple !) est de moins en moins acteur. Il faut rester pour continuer d'être de ceux qui crient dans le désert et essayer de réinventer avec nos organisations syndicales des moyens de contestation.

Il faut redécouvrir le sens du travail *comme moyen d'intégration sociale pour l'ensemble d'une population ; comme moyen pour recréer* *une autre culture que celle donnée classiquement à l'école (compétitive, élitisme, faire du fric) ; comme moyen de rémunération privilégié. L'argent doit retrouver son sens dans le travail ou le service, dans le partage équitable du bénéfice du grand capital. Par contre l'argent comme rente, ou don, ou jeu de hasard, doit être minimisé au maximum car il devient dangereux pour nos démocraties. Le travail reste un lieu privilégié où s'exercent des contre-pouvoirs, donc une démocratie bien comprise et une participation personnalisée à une histoire collective.*

Prêtre ouvrier : ministère de la rencontre ?

C'est aussi le ministère du don gratuit de Dieu ; du don offert à tous en particulier aux petits ; de la justice et de la vérité ; de l'inquiétude et de l'absence ; de la contestation ; de l'incarnation ; du discernement des valeurs du Royaume.

Tous ces thèmes étaient évidemment récurrents pour notre engagement. C'était notre credo.

Visite de l'évêque de Tulle

Après notre session, retour au boulot… Je rendis une visite de courtoisie à l'évêque de Tulles puis l'invitai à casser la croûte dans ma caravane. Il vint avec son vicaire épiscopal et le prêtre de la paroisse, le père Marty. Ensemble nous avions fait une petite visite du chantier manifestant ainsi le lien avec l'Église locale.

Une équipe à bout de souffle

Quant à notre équipe de prêtres des BTP, elle avait de plus en plus de plomb dans l'aile. Michel Rager était en retraite et Michel G., revenu d'Arabie Saoudite, souffrait d'une grande lassitude. Ma tentative de faire deux sous-équipes, une de salariés et une autre de retraités, avec une réunion trimestrielle qui regrouperait les deux équipes, échoua.

Michel G., soucieux de vivre la radicalité de son ministère, envisageait de quitter l'équipe et de s'orienter vers les SDF à Paris, dans le métro ! La famille Marijon décida de rester sur leur secteur d'habitation et de créer une équipe qui deviendra une équipe de la Communauté Mission de France. Patrick Salaün fut nommé à Tignes.

Je prenais alors conscience que plus rien ne serait comme avant.

Sur le chantier à Uzerche, j'étais loin de toutes les instances de décisions de la MDF et ne maîtrisais pas grand-chose, bien que théoriquement responsable d'équipe. Mais quoi qu'il arrive, je me fis cette promesse : je ne quitterai pas le boulot, ni le secteur des travaux publics, même si je devais rester sans équipe. La fidélité, pour moi, c'était ça aussi.

Année 1995

27

Formé pour être chef d'équipe

Le 20 mai 1995, nous avions notre dernière réunion de l'équipe BTP composée de prêtres salariés. Les retraités décidèrent de se retrouver entre eux. Quant à moi, je dus négocier âprement le loyer de ma chambre à Guilherand. On toléra encore ma présence, me prévenant charitablement que seul, en déplacement, sans équipe, sans Église, sans chemise et sans pantalon… je ne pourrais pas y survivre. Ils n'avaient sans doute pas complètement tort, les bougres ! Heureusement qu'il restait pour moi encore un lieu de réflexion au niveau national qui s'appelait l'atelier BTP, composé de laïcs et de prêtres.

En 1995, le directeur du chantier me proposa de faire un stage à Égletons comme chef d'équipe. J'acceptai, sachant qu'un jour ou l'autre, il me faudrait choisir le camp dans lequel je serais. En attendant, la perspective d'avoir une meilleure connaissance du boulot me tentait. Après mon stage, je fus affecté sur différents ateliers du chantier : atelier de *scrapps*, puis déblais-remblais et ensuite au concassage. L'atelier était composé d'une pelleteuse qui alimentait un concasseur mobile sur chenille, d'une chargeuse qui récupérait le caillou calibré et de quelques *dumpers* qui faisaient la navette pour les couches de forme.

C'est là que je rencontrai Yann, moitié manouche, chauffeur de *dumper*, chanteur, maniant en virtuose la guitare, sculpteur sur bois, ayant pratiqué le spiritisme. Un soir, après avoir rangé son *dumper*, Yann se mit à discuter de religion. Formé par les évangélistes, il avait su que j'étais prêtre et me demanda ce que je pensais de la religion et des miracles. De fil en aiguille, nous avons parlé de ce qu'il y avait d'extraordinaire dans la vie, pour l'un et pour l'autre. Ce fut pour nous l'occasion de se dire ce qui nous faisait peur et ce qui pouvait encore nous émerveiller.

Réunion annuelle à Pontigny

Comme chaque année, nous avions notre session des prêtres en activité salariale à Pontigny. Le thème portait sur « l'envoi ». J'en profitai pour envoyer aux organisateurs un résumé (grinçant) en guise de travail préparatoire.

… À Jésus il lui est souvent demandé : quels signes il apporte pour que sa parole soit crédible. Des signes, il en a apporté à profusion. Et aux irréductibles ce constat : Nul, s'il ne naît de l'Esprit ne pourra comprendre la Bonne Nouvelle. L'existence de l'équipe des BTP s'achève, après celle des routiers, celle de l'hôtellerie, l'équipe des marins peut-être, bientôt ? Les raisons en sont multiples et bien sûr incertaines. Pourtant, ce qui me paraît évident avec la disparition de ces équipes socioprofessionnelles, c'est la perte pour la MDF de son originalité dans l'Église de France et de la crédibilité d'un certain discours sur la mission.

Des mondes au travail, toujours en activité, disparaissent de notre mémoire. Sous prétexte que le monde change ! Il n'y a plus de monde des routiers, et pourtant il y a de plus en plus de routiers sur les routes. Le monde de l'hôtellerie est en plein essor… Qui peut encore en parler ?… Et la valeureuse équipe des BTP : ripailleuse et bruyante où est-elle ? Plus d'un million de personnes y travaillent et y sont toujours exploitées. Mais la classe ouvrière n'est plus porteuse…

En cette période troublée où il va falloir réinventer et non pas brader, il me paraît important de redire ce à quoi je crois, en fidélité à mon ordination : importance du lieu de travail à temps plein, caractérisé par le déplacement, la mobilité, la précarité, l'exploitation. Je pense qu'il est inutile d'épiloguer sur la place du travail rémunéré dans notre société, lieu essentiel où le peuple peut encore se situer, s'y valoriser ou s'y démolir, lutter ; il faut retrouver le sens du travail, c'est un lieu de contact et de rencontre, et de proximité. À ce sujet les interventions de G. Alezard et de N. Renard me paraissent éclairantes dans la L.A.C. n° 167.

Importance de l'habitat qui est aussi un signe de proximité.

Importance d'une équipe dont le ministère se trouve sur le lieu de travail, si elle veut vraiment jouer son rôle de discernement, de vérification et de témoignage…

Voilà, je n'ai pas tout dit, mais c'est déjà une bonne base pour la session GRJ de Juillet.

C'était évidemment comme si j'avais pissé dans un violon ! Le travail ? Ils étaient tous pour, mais plus en classe ouvrière qui avait disparu de leur champ de vision. Le boulot n'était plus un lieu de contestation et d'affrontement, un lieu où l'histoire des hommes pouvait s'écrire. Le travail devenait un lieu où l'on pouvait s'épanouir professionnellement et individuellement selon ses compétences, en particulier dans le social, la recherche, l'enseignement, là où les initiatives et les responsabilités sont de mises. Enfin, on ne gaspillait plus son intelligence en étant peintre ou maçon ou routier ; en conséquence, il fallait prouver que le monde ouvrier n'existait plus. C'était un temps révolu ! Les syndicats, ringards et minoritaires, n'avaient plus d'avenir pour la France de demain ! Les idéologies du passé nous emmenaient directement dans des ghettos. En 1995, déjà, les jeunes prêtres, bien formés dans leur séminaire, se définissaient comme étant d'Église et sans idéologie.

Chantier à Caussade

Un temps de vérité, de solitude et de convictions

Le 11 novembre, je suis transféré à Caussade sur le chantier d'un tronçon d'autoroute entre Cahors et Montauban. Deux ans de boulot ; deux cents personnes ; dix millions de m^3 à remuer ; une puissance d'environ 10 000 CV en engins utilisée ; trois carrières ouvertes.

Grâce à l'obligeance d'un copain, Jean Saltarel, prêtre ouvrier du coin, je trouvai une place pour ma caravane chez des paysans bien sympas : la famille Bédé, producteur de vin et de fruits (prunes et melons). En louant une place chez l'habitant, on était moins isolé et des contacts se créaient.

Sur ce chantier, j'étais de nouveau affecté au boulot de signalisation sur les départementales et autres routes vicinales jouxtant le chantier. Il fallait gérer, entretenir et planter ces panneaux selon des plans bien précis ; s'occuper aussi du petit matériel de chantier (pioches, pelles, masses, etc.) ; distribuer les vêtements de sécurité (baudriers, chaussures, cirés, etc.) Je participais avec les chefs aux réunions de sécurité interentreprises. L'entreprise me demanda aussi d'assurer l'accueil des nouveaux arrivants : petit rappel de la sécurité sur le chantier, distribution d'une carte du chantier avec les différents points de rencontre et aussi différents numéros de téléphone en cas d'urgence.

Je me souciais aussi des différents points de chute possible des nouveaux arrivants dans les campings, et discutais les prix. C'est ainsi qu'avec Christian Bédé, le paysan chez qui j'étais, nous avions repéré une quinzaine d'emplacements chez d'autres paysans ; la région se mobilisait pour l'accueil des caravaniers.

Je fus aussi sensible à l'Église locale et au diocèse qui accueillaient l'événement et cette intrusion de travailleurs. Je réfléchissais avec une équipe de chrétiens bien engagée dans le monde rural (CMR).

Temps de la rupture

Il y eu d'abord la rupture à assumer avec mon équipe PO de retraités des BTP. J'avais aussi toujours en mémoire les phrases chargées de menace qui pouvait se résumer ainsi : *hors de l'équipe, point de salut* ou *vous PO, vous n'attirez plus les jeunes.*

Il me fallait trouver d'autres lieux de vie d'Église et en particulier celle des églises de proximité. La MDF, devant la pénurie des vocations, ne pouvant plus assumer la continuité de ce genre d'équipe, nous avait envoyés sur un bateau, mais ne pouvait plus en assurer l'entretien ni la logistique. Bien sûr, J. Toussaint, alors vicaire général, me fit une proposition pour le diocèse de Poitiers, où il était vaguement question d'une présence dans le milieu des routiers, en particulier sur un projet d'une immense aire de stationnement. M'étant renseigné auprès de mes collègues prêtres routiers dudit diocèse, je compris vite que le projet n'était pas mûr, et que s'il devait se concrétiser, les prêtres ouvriers de la région se sentiraient d'abord concernés en priorité par ce projet.

L'expérience passée du Tunnel sous la Manche m'avait éclairé sur l'importance de créer des liens avec les Églises locales. J'y avais toujours trouvé ma place comme itinérant, réfléchissant avec l'atelier BTP de la MDF, les mouvements d'Action catholique (soit en ACO [21] ou comme maintenant à Caussade avec le CMR [22]), et les prêtres ouvriers des différentes régions.

Cette forme de ministère me paraissait correspondre à l'intuition même de la MDF : ne pas prendre la direction des paroisses mais accepter des services d'Église et surtout y apporter la spécificité de nos engagements en milieu incroyant en étant inséré par des métiers sur des créneaux socioprofessionnels où les Églises diocésaines sont absentes : BTP ; marins navigants, dockers, routiers, hôtellerie avec les saisonniers, etc.

21. ACO : Action Catholique Ouvrière.
22. CMR : Chrétiens en Monde Rural.

Année 1996

28

Entre doute et espoirs

Sur ce chantier, comme tout allait bien, je me présentai sur la liste CGT aux élections des délégués du personnel et du comité d'entreprise. Après les élections, il me semblait que j'avais fait le plein des voix. Je téléphonai à quelques copains, et tous me disaient qu'ils avaient voté pour moi ; mais d'autres me disaient : « On ne t'a pas vu sur les listes ! » En effet, certains pensaient que je m'appelais « le curé » et ignoraient totalement mon nom !

N'empêche, pour la première fois, je ne fus pas élu. Et personne pour me dire si le dépouillement s'était fait en toute transparence. Qu'à cela ne tienne, la Fédération CGT des BTP décida de me nommer représentant syndical pour au moins participer aux réunions.

Un engagement syndical source d'ennuis

Certains conducteurs de travaux prirent mon engagement syndical pour une trahison. Et comme par enchantement, les tensions au boulot se firent jour. Je ne pouvais plus être chef d'équipe ! Et comme aucun statut officiel reconnu par une fiche de salaire ne me protégeait (j'étais seulement conducteur d'engins 1er niveau), ma responsabilité pour la sécurité sur le chantier se transforma peu à peu en manœuvre. Les rapports avec ma hiérarchie se dégradèrent : un des conducteurs de travaux me remplaça pour l'accueil sur le chantier des nouveaux arrivants. Je ne pouvais plus m'organiser pour le travail, car je n'avais plus d'informations en début de journée, mais seulement heure par heure. Les quelques gars intérimaires qui travaillaient avec moi recevaient les ordres à part et avant moi et du coup étaient souvent mieux informés que moi. On m'occupait le plus souvent à faire les courses en ville pour le chantier ; la véritable organisation de la prévention et de la sécurité sur le chantier fut prise en charge par les conducteurs de travaux (il y en avait trois). Sur le chantier, mes nouveaux outils étaient souvent une barre à mine, une masse et une brouette avec la signalisation dedans. Et les copains qui me croisaient me disaient : « Eh curé comment ça va ! » Je leur répondais en riant : « Ça va bien ! »

En réalité, cela n'allait pas du tout ! Tout était fait pour me discréditer et me ridiculiser devant les copains. À un moment, j'avais failli partir et quitter ce boulot. Je pensais m'être trompé sur toute la ligne, d'abord avec la MDF, puis dans le boulot. Le contre pouvoir dans l'entreprise, c'était bien, mais il fallait être plus fort.

De plus, chaque année je voyais mes fiches de salaires à la baisse… ainsi que mes déclarations d'impôts :

1995 : je déclarai 105.975 F (la belle époque !)
1996 : 92.014 F
1997 : 90.184 F
1998 : 92.299 F
1999 : 90.532 F
2000 : 89.072 F
2001 : 12.474 € = soit 81.182 F : vive l'€uro et les 35 h !

En 2002, mon salaire se stabilisait à 13.986 € (91.742 F). Je terminai l'année de mon départ (2005) avec un salaire annuel net de 15.303 € (100.381 F), à peine l'équivalent de l'année 1995.

Je fis voir mes fiches de salaires à l'Union départementale CGT de Montauban, mais elles semblaient toutes légales. Le passage à l'euro et aux 35 h et l'annualisation des salaires ajoutèrent certainement à la mystification.

Je relève dans mon grimoire de l'époque : « On est passé aux 35 h ». C'est vrai que c'était l'euphorie ! Et les patrons (certains !)

faisaient grise mine. Le nôtre pas du tout… Sur un plan politique, on nous disait que c'était une occasion pour embaucher et lutter contre le chômage. À la CGT on disait plutôt : « Ce n'est pas en partageant encore le peu d'heures de travail salariales qui restent que nous résoudrons le problème du chômage. » D'autant plus que dans les BTP, il y avait toujours eu de l'embauche… Mais vu le tarif horaire, on ne se bousculait pas au portillon. Et si on regardait bien, les primes de l'État, afférentes aux nouvelles embauches, étaient en fait tout bénéfice pour l'entreprise.

C'est ainsi que les délégués syndicaux eurent la surprise d'être convoqués pour signer (vite fait !) les accords préparés par la direction pour mettre en application la loi sur les 35 h… et de son annualisation !

Nous avons tous signé, avec la bénédiction des copains qui espéraient rentrer plus tôt le vendredi. Mais l'euphorie ne dura pas longtemps ! Nous n'imaginions pas la complexité de la loi : invention des heures d'équivalences ; suppression d'heures supplémentaires majorées avec le report des heures supplémentaires d'été… payées ou récupérées en RTT en heures normales dans la période d'hiver ; l'ajout à nos feuilles de salaires d'un formulaire intitulé « compteur d'heures ». Sans compter la perte d'argent due à l'annualisation de nos salaires (il fallut attendre un an pour savoir si toutes les heures avaient été payées) ! C'était si complexe que même les comptables avaient des explications divergentes.

Le soutien moral des copains

Entre les humiliations, les contraintes et la fatigue, j'hésitai à continuer. Mais ce furent les copains de chantiers et voisins de caravane qui, le soir après le boulot, me disaient invariablement : « Mais si tu t'en vas, qui nous défendra ? » Ou encore : « Mais t'es pas venu pour être chef, toi le curé tu n'as pas besoin de ça ! Ta pelleteuse on s'en fout, on te préfère à pied, à côté de nous. »

Sur le chantier, en l'espace de six mois, on déplora deux morts : l'un par la route, l'autre qui travaillait dans une entreprise de sous-traitance, pour lequel je n'ai pas su les causes de l'accident. Mais je fus demandé pour célébrer les deux enterrements.

Quelques mois plus tard, des anciens copains de chantiers de Vendée me firent appel pour les marier. Ils reconnaissaient en moi le prêtre et le compagnon de travail. Les mariages se célébrèrent en juin et juillet. Ce fut vraiment la fête. Un directeur du chantier me demanda même de marier son gamin, que j'avais croisé auparavant en stage dans l'entreprise. Il faisait des études d'architecture. Ils se sont mariés quelques années plus tard. Nous nous sommes donc revus et avons réfléchi et préparé les textes par internet.

Tous ces événements et la proximité des copains de travail me poussèrent à continuer. Je pensais que le Dieu de ma jeunesse était encore là, plus fort, et qu'il me poussait en avant.

Invitation de l'évêque sur le chantier

En décembre, selon la coutume, je décidai l'évêque, nouvellement nommé à Montauban, Mgr Bernard Housset, de visiter le chantier. Il accepta avec beaucoup de sympathie. Je relatai sa visite « pastorale » au cours d'une homélie de Noël à Saultain dans le Nord.

Ce soir, nous sommes invités à nous interroger à partir du récit de la naissance de Jésus. Ce que je retiendrai en particulier c'est la révélation faite aux bergers. Cette histoire me fait penser à une autre, plus récente et tout aussi authentique que celle des bergers de la crèche. Elle se passe dans les travaux publics… Très conscient de ma responsabilité de PO, j'ai pour habitude d'inviter les évêques du lieu à visiter généralement le gros chantier de leur diocèse, Les évêques d'Arras, de Vendée, de Tulle, et de Montauban, qui ont tous répondu positivement, ne fréquentent guère ces milieux.

Conscient pourtant du risque, Bernard, le nouvel évêque de Montauban, accepte de venir sur ce chantier d'autoroute de 22 km où travaillent quelque 500 ouvriers. La date est prise, les responsables de chantier acceptent et je préviens discrètement la plupart des copains leur disant qu'un évêque c'est aussi quelqu'un qui nomme certains prêtres à venir travailler avec eux sur les chantiers ou en usine.

Le jour arrive, l'évêque est attendu. Il fait beau, la journée se passe comme prévu. Le matin, présentation technique du chantier avec les responsables ; l'après-midi visite du chantier à pied et rencontre des gars pendant la pause casse-croûte. Cet évêque est très à l'aise dans ce champ de foire, au milieu de la poussière, du bruit des engins, posant les bonnes questions, nous révélant à chaque réponse sa capacité d'émerveillement ou d'étonnement, s'intéressant au travail accompli par les uns et les autres, se documentant sur les remblais-déblais, les cubatures et les engins qui transportent les millions de m^3…

On est presque en fin de parcours, j'accompagne l'évêque dans quelques caravanes de copains qui ont fini leur poste, nous faisant offrir l'apéritif. Bernard l'évêque reste sobre, mais sa présence exceptionnelle dans ces lieux, sa magie de l'émerveillement, délie les langues sur les conditions de travail du chantier, la vie familiale, les enfants et l'école.

Puis c'est le moment de prendre congé, Bernard se lève et leur dit qu'il est bien sûr heureux de les avoir rencontrés et qu'il a beaucoup appris d'eux et il termine sa phrase par : « Je vous invite à mon tour chez moi à venir partager mon repas un soir, vous verrez la date avec Jean-Michel. »

Un peu surpris par cette initiative d'inviter mes copains de boulot à l'évêché, je m'attendais à quelques réponses évasives ou des refus polis. Et bien non. Nous étions une dizaine à avoir répondu à l'invitation et partagé le repas avec l'évêque de Montauban.

Pour moi et les copains ce fut quand même un moment très fort, parce que ce fut une expérience d'Église partagée avec les païens comme dirait saint Paul, ou comme dans cet évangile de Noël annoncé en priorité aux bergers. Mais il y a d'autres histoires vraies comme celle-là, votre évêque que j'ai pu rencontrer à l'occasion du tunnel sous la Manche, avait aussi cette proximité avec les petits gens, il était aussi persuadé que la bonne nouvelle devait être annoncée d'abord aux plus pauvres. Et nous chrétiens, n'avons-nous pas aussi à découvrir Noël, avec les enfants bien sûr, c'est leur fête, mais aussi avec les plus fragiles, les exclus, les plus pauvres, les voleurs de poules, et comme cela, ensemble, nous pourrons dire avec les anges et comme des anges : Gloire à Dieu au plus haut des cieux, et paix sur la terre aux hommes qu'il aime.

Cet événement marqua aussi profondément les esprits. Bien des années après, sur les nouveaux chantiers, les anciens qui avaient travaillé sur ce chantier de Caussade me demandèrent toujours des nouvelles de l'évêque.

Année 1997

29

La tentation de tout abandonner

Mais, le temps passait, et Noël aussi ; il fallait déjà envisager le carême.

Mes conditions de travail continuaient de se dégrader, ma santé aussi ; j'avais mal partout dans les articulations et mes yeux commençaient à m'inquiéter. La tentation de tout abandonner continuait de m'assaillir.

Pourquoi donc continuer ? Pouvait-on encore croire au sens du travail dans ces conditions ? Dieu était-il encore là ? Ou était-ce devenu une simple vue de l'esprit ?

Janvier, neige et verglas… Nous étions mis en intempéries. Retour à Caussade, le 12 janvier.

Avril, j'étais hospitalisé en urgence à l'hôpital de Montauban : décollement et déchirure de la rétine ; opération et pose d'un « rail » derrière la rétine. Une semaine d'hospitalisation ! J'eus la visite de Jean Saltarel, le copain prêtre ouvrier de Caussade, de Bernard, l'évêque de Montauban. C'était Christian Bédé qui était venu me chercher à l'hôpital. Certains prirent peur en me voyant : j'avais un œil qui ressemblait à celui d'un lapin atteint de la myxomatose !

La semaine suivante, Serge, secrétaire de l'Union locale CGT de Caussade, avec qui j'avais de bons contacts, me reconduisit à Guilherand pour un mois de convalescence. Je repris le travail au mois de mai et fus affecté sur un compacteur. Les vibrations de l'engin n'étaient pas idéales pour les yeux, mais j'étais tranquille, un peu relégué en bout de chantier.

En revenant au campement, surprise ! Je retrouvai Yann d'Uzerche qui s'était installé en caravane pas très loin, avec sa femme Marie et ses deux enfants, Leslie et Jimmy.

Un jour, j'appris la visite sur le chantier de Bruno Pavis, le DRH nouvellement embauché chez Guintoli. En se croisant, il me dit : « Je passerai vous voir à la caravane, en fin de journée, si vous êtes d'accord. » J'acquiesçai, me demandant ce qui allait encore me tomber dessus. L'entrevue se passa bien, mais me coûta quand même une bouteille de whisky ! Au bout de deux heures, l'un des conducteurs de travaux, Bernard, est venu le chercher dans ma caravane, nous demandant si tout se passait bien ! Tout allait bien, en effet, la bouteille était pratiquement vide, et on tenait encore debout, le DRH était attendu pour une réunion avec l'encadrement en fin de journée !

Je ne me rappelle plus exactement de quoi nous avions parlé ; il était vaguement question du syndicalisme et du contre-pouvoir dans l'entreprise. Mais il est vrai que depuis ce jour-là, une certaine connivence, sans concession, s'installa entre nous malgré les intérêts divergents qui nous opposaient. Il arrangeait les problèmes des copains, tout en nous roulant allégrement dans la farine.

D'une manière générale, je n'avais jamais de gros problèmes avec la direction, que je rencontrais régulièrement à nos réunions de délégués ! Pas d'affrontement direct ! Mais beaucoup plus avec l'encadrement intermédiaire sur les chantiers… Allez savoir pourquoi !

À la fin de chaque chantier, on se quittait pour de nouvelles affectations, au gré des chantiers. Au niveau syndical, nous n'avions pas le temps de bien nous connaître ; la culture de l'entreprise, basée sur le mérite, cherchait toujours à nous individualiser par des primes, des salaires différents et des petits arrangements, surtout en fin de chantier. Mais quand l'on se retrouvait quelques mois ou quelques années plus tard, c'était la fête et l'occasion de donner des nouvelles des uns et des autres, de se rappeler les bons moments.

De ces liens se forgeait une histoire commune. Un peuple se formait (celui du BTP). D'ailleurs, la plupart d'entre nous se retrouvaient avec un surnom. Les plus récurrents étaient :

Neuneuille pour ceux qui louchaient,
Checheu pour ceux qui bégayaient,
Caïman pour ceux à qui leur manquaient des dents,
Barracuda pour les gros durs,
Zéro de tension pour les plus mous.

Quant à moi, j'étais surnommé *le curé, don Camillo, don Papillo, Padre, mon Père, l'abbé et même Monseigneur !* Une façon de s'identifier… et d'exister aux yeux des autres ?

Triste nouvelle

Le 28 octobre, j'appris sur le chantier que ma mère venait de mourir, elle avait 77 ans. Je lui avais téléphoné la veille, comme tous les lundis. Ce lundi-là, elle semblait triste, elle pleurait, et sa maladie la handicapait de plus en plus. C'est Christian Bédé, celui qui m'accueillait sur son terrain, qui me fit prévenir sur le chantier. Je pris la voiture et retournai à Douai dans le Nord. Seul sur la route ; personne pour partager la peine ! Ce voyage fut long et pénible. Arrivé à la maison, je fus surpris par son visage détendu. Quelques jours plus tard, je concélébrai la messe d'enterrement avec le prêtre de la paroisse.

Je ne voyais pas souvent mes parents : une ou deux fois par an, à Noël et pendant les congés d'été. Ma mère était présente depuis longtemps en pensée, et bien que partie définitivement en ce mois d'octobre, cela ne changeait pas grand-chose, sauf que maintenant je ne lui téléphonerai plus le lundi soir et que sa vie prenait à mes yeux un sens particulier, parce qu'il y avait eu une fin.

C'était aussi la fin de l'année et celle du chantier. Le moment des règlements de compte ! Comme d'habitude, chacun essayait de négocier pour se rapprocher de chez lui pour les nouveaux chantiers.

Année 1998

30

Élu délégué du personnel

Je tentai ma chance pour un gros chantier sur l'A 89 à Ussel, du côté d'Égletons, sur l'axe Clermont-Brive. La cause était presque acquise. Au cours d'un week-end, je trouvai une place de caravane chez un couple d'enseignants, pas loin du chantier. Surprise ! On me convoqua au dernier moment sur un autre chantier du côté de Bordeaux à Libourne. Règlement de compte ? Je refusai… Qu'à cela ne tienne, fin janvier, on m'envoya à Voussac, à l'ouest de Montmarault, pour l'élargissement de la départementale. Je m'installai au camping, avec un modeste loyer de 500 F le mois, mais, arrivé là-bas, il gelait et la canalisation était fendue, pas d'eau ni de douche. Christian Bédé, de Caussade, était venu avec moi m'aider à installer le « fourbis ». Je l'avais ensuite reconduit à la gare de Limoges.

Cela ne dura que deux mois.

12 mars, transfert pour l'A 83 pour l'agence de Lyon. Là, je rencontrai une fine équipe que j'avais déjà côtoyée avant de partir au Tunnel. Je savais que je n'étais pas en odeur de sainteté ni le bienvenu. Très vite, les relations de travail s'envenimèrent de nouveau.

Le 6 avril, dans une carrière près de La Buisse (Isère), j'étais remplacé sur la pelle ; motif supposé : j'alimentais mal le concasseur, et les rochers se coinçaient trop souvent dans la trémie. Je devais rester à disposition et sans travail pendant 15 jours, cloîtré dans la caravane ! Heureusement, je l'avais installée chez la famille Marijon, premier diacre de la MDF, et ancien coéquipier d'équipe. Le monde est petit ! Ma caravane fut rapidement une aire de jeux appréciée par les enfants et je devins en quelque sorte pendant 15 jours leur « nounou ». Je ne m'en plaignais guère, cela me faisait passer le temps et éviter la déprime.

22 avril, nouveau transfert, à l'Aumône, sur l'A 20. J'étais de nouveau affecté sur un compacteur. Je logeais chez la famille Touzeau ; Jacques était routier et m'avait même proposé un bout de terrain pour installer la caravane lorsque je serai en retraite. Sympa ! J'avais marié l'année suivante leur fille Véronique avec Philippe, leur gendre, fana de motos !

Je rencontrai de nouveau sur le chantier mon copain Ben Amar ; il me disait qu'il avait ramené son vélo, et qu'il serait bon que je fasse un peu de sport aussi. Il n'avait pas tout à fait tort, j'approchais alors le quintal ! Le mois suivant, je ramenai mon vieux vélo et deux fois par semaine après le boulot on faisait une trentaine de kilomètres. Il est vrai qu'il était bien entraîné, le bougre. Chamarré en vrai cycliste avec un vrai vélo de course, il m'en mettait à chaque fois plein la vue. Heureusement, d'autres s'étaient joints à nous et je me sentais moins ridicule !

Je rencontrai Marcel Vandenabelle, un copain du Nord, flamand. Celui-ci était pelleteur (il l'est toujours !), il n'était pas grand mais il avait le verbe haut ! Je mariai une de ses filles. On se revoit toujours 15 ans après !

Juin, nouvelles élections, pour les DP[23] et CE[24]. Cette fois, j'étais élu et reconnu par l'entreprise, avec tous ceux de la liste ; officiellement 35 % des voix pour la CGT, me disait-on. Ainsi donc, pour la deuxième fois, les copains m'avaient renouvelé leur confiance. Me voilà démocratiquement investi d'un mandat ouvrier. Et cela jusqu'à ma retraite !

---

23. DP = Délégué du personnel.
24. CE = Comité d'entreprise.

Du 15 au 30 août, mes congés payés. Les copains de la CGT de Caussade, Serge, Miguel et Antoine avec leurs femmes et leurs enfants ainsi que Jean S. vinrent passer une semaine à Guilherand.

15 septembre, transfert à Dompierre-sur-Besbre. Un chantier en participation avec l'entreprise Valerian. Je trouvai un emplacement de caravane dans la cour de ferme de Gil et Michelle Vogrincic. Un autre copain, Marcel A., s'installa à côté de moi avec son camping-car. C'était un drôle de bonhomme, un peu plus jeune que moi, le visage barré par une grosse moustache noire. Il ne disait pas grand-chose, mais souvent il nous regardait avec de grands yeux rieurs sans que l'on sache pourquoi. Les chefs ne l'appréciaient pas beaucoup. Une nuit, à 1 heure du matin, en revenant de boîte de nuit avec son camping-car, un peu éméché, il s'était carrément perdu sur un rond-point : il ne trouvait plus la sortie, disait-il. Il fut surpris par des flics en vadrouille, qui le mirent en salle de dégrisement, avec le permis en moins. C'est ainsi que tous les matins, on faisait la route ensemble pour aller au chantier. Après le boulot, on ramassait des champignons le long des fossés, et le soir, on mangeait ensemble une bonne omelette. Il me disait qu'il aimait bien les animaux. Au moment du vêlage des bovins de la ferme, Marcel se levait la nuit pour donner un coup de main au paysan dans l'étable.

Marcel, derrière sa moustache, était aussi moqueur ; on m'a raconté que sur un chantier du Sud-Ouest, il avait décidé d'élever des moules portugaises vivantes dans une boîte de conserve, rien que pour se comparer à un copain qui avait, lui, dans sa caravane, un grand vivarium avec quelques gros serpents qu'il exhibait devant les voisins ébahis. Du coup, Marcel, avec ses moules vivantes, avait aussi du succès en faisant rire tout le monde.

Année 1999

31

20 ans d'ordination

Le début de l'année fut marqué par la mort de Roland Marlin, notre directeur de chantier en Vendée et à Uzerche. C'était un homme très apprécié. Je suis allé à son enterrement. Il pleuvait… Un vrai temps de Toussaint. Au cimetière, avant la mise en terre, et à la demande de sa famille, j'eus l'occasion de prendre la parole et d'insister sur son rôle humain. Roland était un vrai patron de chantier, proche des gars et plein d'humanité.

Le 29 Mars, j'étais muté à Toulon-sur-Allier, près de Moulins. Je campais derrière un hangar de ferme, chez Jean-Marie et Michelle Laborde. Ce couple avait un garçon adorable, Julien, que tout le monde appelait Juju. Nous étions trois ou quatre caravanes, l'ambiance était chaleureuse. Jean-Marie produisait du maïs et élevait aussi « quelques » bêtes. Il me fit visiter la ville de Moulins et son château.

Cette année-là, je célébrai quelques mariages sympas : des fils et des filles de copains de boulot. Je me rappelle du baptême du petit-fils d'un copain, Robert Bianco, délégué du personnel CFDT, maintenant en retraite, qui avait dû se battre courageusement contre la maladie. Je célébrai aussi le mariage de Jérémie et de Séverine à Wissant. J'avais connu Jérémie alors qu'il n'avait que 12 ans, quand j'avais logé chez ses parents pour le chantier du Tunnel sous la Manche… Vingt ans plus tard, je suis allé le revoir lui et sa famille en Guyane. Quel bonheur !

Du nouveau à la Mission de France

En mai, la Mission de France créait un réseau de réflexion intitulé *Réseau Précarité, Travail et insertion.* Titre ronflant qui avait le mérite d'identifier nos lieux de réflexion. Nous étions une petite dizaine de prêtres, relativement jeunes (j'étais l'un des plus vieux), engagés dans le monde du travail, mais la plupart ayant une responsabilité pastorale d'Église. Un grand changement par rapport aux réflexions des équipes socioprofessionnelles ! Les jeunes n'étaient plus « moulés » uniquement par leur lieu de travail. Pour la première réunion, j'acceptai de faire le compte rendu.

Extraits du compte rendu

Intro :

Je remarque la diversité de nos engagements professionnels, sociaux et ecclésiaux. Pourtant nous sommes tous animés par une même volonté, à ce que ce réseau soit finalement un lieu d'Église, où notre foi, une foi souvent critique et pleine de questions, émerge puis se partage, se confronte à travers nos expériences dans notre milieu de travail.

... Parce que ce lieu sera un lieu d'histoire et d'enfantement, il nous faudra l'écrire, pour nous rappeler ce pourquoi nous avons été envoyés, nous souvenir des cris de nos compagnons de labeur, des cris sur l'absurdité de nos situations, des cris qui sont libération. Il nous appartient d'en faire l'écho, mais aussi d'en être les auteurs.

À travers cette expérience de l'écrit, c'est aussi nous rappeler la présence souvent fugace de Celui qui nous a libérés par sa Parole. Écrire c'est pouvoir aussi transmettre cette expérience en église comme une Bonne Nouvelle.

Puis, pour terminer, suivaient quelques interrogations qui m'étaient personnelles et qui pouvaient relancer le débat.

En ce qui me concerne, il est vrai que la vie ministérielle dans les BTP (pas particulièrement calotin) a transformé ma foi et ma vision de l'Église.

Ma foi en Jésus-Christ ? Certes, elle demeure, comme présence fraternelle, fidèle dans le temps, vivante, qui interroge. Présence réelle ! Lorsque deux ou trois sont réunis en son nom. Mais c'est aussi la foi en la bonne nouvelle que l'homme est sauvé, c'est notre mission de l'annoncer, d'en vivre, et de le discerner même en dehors de nos institutions.

Chaque fois qu'un peu de vérité se fait, il y a quelque chose de Jésus-Christ[25]*…*

À propos de l'institution :

« De quelle Église s'agit-il, de l'Église catholique ou de l'Église de Jésus-Christ ?

… La Mission de France doit-elle s'aligner sur les besoins internes de l'Église et abandonner ses intuitions premières ? …

Je continuai en enfonçant peut-être un peu trop le clou. J'aurais aimé que ces questions soient entendues et discutées, mais il était sans doute trop tard, mes jeunes collègues étaient déjà sur une autre planète.

La question mérite (rait) un sérieux débat ! Si la tâche de la MDF c'est de « déplacer le centre de gravité de l'Église », elle a toutes les chances de s'y faire désintégrer, car on ne déplace pas un centre de gravité en restant dedans.

Et pourtant, je crois nécessaire la relation à l'Église locale ; partout où je suis passé il y a eu contact, et un petit bout de chemin fait ensemble, chacun se sentant libre en apportant son originalité, chacun se reconnaissait comme étant pareillement d'Église, il n'y a pas de dedans ni de dehors, ni de centre de gravité à déplacer, car le centre de gravité n'est pas dans l'institution mais dehors, ailleurs, « chaque fois que deux ou trois se réunissent en mon nom, Je suis là ». C'est Lui le véritable centre de gravité. Le seul électron libre, qu'on n'est pas prêt d'intégrer dans l'Église.

---

25. Compte rendu de l'assemblée 98 de Francheville, à la p. 27.

Je me rappelle aussi que le père Gilson, au tout début de sa prélature à la MDF, avait prévenu que les électrons libres n'avaient pas leur place dans l'Église ni à la MDF. Par la suite, la vigueur de ses propos s'était quelque peu adoucie. Mais je me sentais visé… Il est vrai qu'avec ma caravane sur le dos et mes 60.000 km par an, j'étais de plus en plus marginalisé. On ne parlait plus le même langage ! Ce réseau *Précarité et Travail* ne perdura pas bien longtemps (un an ou deux ?), faute de combattants.

Le travail est un lieu de mission

Juin 1999, jubilé de mes vingt ans d'ordination.

« Encore jeune le petit ! » me diront les vieux. Et pourtant, cette tranche d'histoire pouvait-elle encore intéresser quelqu'un ?

Jérôme, un jeune prêtre ordonné en 1996, écrivait ceci à propos d'une contribution sur le thème *Travail et précarité*.

Sortant du séminaire, je suis toujours marqué par la figure du ministère de prêtre ouvrier avec sa dimension d'enfouissement et de nomadisme plus que de leadership syndical, avec l'idéal de me faire compagnon de personnes bien loin de mon itinéraire social, culturel, ecclésial…

Une troisième dimension m'a également conduit à être prêtre, celle du partage avec ceux qui ne partagent pas la foi chrétienne, et la nécessité de laisser ma foi et la foi de l'Église être travaillées par cette réalité de "l'incroyance" dans ses différents aspects.

L'envoi est une impulsion de départ, mais ce que je deviens au fil de l'envoi, ce n'était pas écrit au départ… Si je prends le temps de dire cela, c'est parce que là se jouent le ministère et l'annonce de l'évangile… Prêtre, je risque mon existence, mon histoire, au nom d'une Parole.

… Au quotidien, la dimension visible de mon ministère, c'est le service, « inutile ou quelconque ». Essayer de prévenir certains conflits, veiller

à ne pas se résoudre à l'exclusion de tel ou tel dans l'équipe de travail. Mais on apprend vite l'humilité dans ce domaine. À ce service s'ajoute le service de la prière : porter les uns et les autres dans ma prière. Essayer de tenir dans l'action de grâce.

L'Église nous demande de rendre compte, de veiller au retour de mission. Mais est-elle prête à l'entendre dans une langue qui n'est pas la sienne ? Le langage de l'Église aujourd'hui c'est : visibilité, refondation, structures, initiatives, projets, rassemblements, sacrements, évangélisation… Ce que nous vivons au travail semble ne pas compter…

Quand l'Église parle avec assurance de Dieu, elle nous fait violence. L'Église n'est pas plus experte en humanité que d'autres. Il n'y a d'experts en humanité que chaque homme qui prend au sérieux chaque jour sa propre existence et celle de ceux qu'il rencontre.

Jérôme n'avait que 3 ans de ministère et semblait avoir déjà tout compris : violence, solitude, inutilité… Est-ce tout ce que ce chemin de prêtre ouvrier propose ? Il est vrai que cela en fait partie.

Il y a 20 ans, voilà ce qui était écrit dans ma lettre de mission à la Mission de France :

La mission qui lui est maintenant confiée le conduira à vivre dans des situations (où) il connaîtra le nomadisme des ouvriers des grands chantiers, des conditions de travail souvent éprouvantes. L'équipe centrale est heureuse de cette orientation nouvelle. Elle permet de donner son poids d'espérance à une équipe de jeunes prêtres engagés dans les BTP, ainsi, nous pouvons continuer de prendre notre part dans l'effort de présence de l'Église au milieu et au service des plus pauvres, et en particulier des travailleurs immigrés.

Mais où étaient-elles, aujourd'hui, les équipes de jeunes prêtres engagés dans les BTP ou ailleurs pour témoigner d'une présence d'Église un peu originale dans des milieux précaires ? À 53 ans, même sans équipe, je pouvais me faire une raison, mais à 30 ans comme Jérôme ?

Nouveau chantier

Le 4 juillet, nouveau transfert à Pougues sur un chantier de contournement de la ville pour l'A 77. Je fus accueilli dans une ferme chez la famille Tardivon, avec quelques copains, dont Marcel A. Un jour, au bistrot à Pougues, je rencontrai, par hasard, une transsexuelle : Angélique de son prénom (alias Patrick), une amie d'un autre copain de boulot ; ils vivaient alors ensemble. Seule sa voix laissait deviner l'origine masculine de la personne. Nous avions pu parler ensemble, « elle » était étonnée qu'un prêtre puisse « vivre » dans les travaux publics, et moi j'étais étonné par ce gars « devenu fille ». Nous avions alors parlé de nos différents voyages, mais en particulier de son itinéraire intérieur, influencé par sa transsexualité.

L'an 2000

32

Une trace dans le désert

Ouf ! Le bug informatique, tant redouté, n'eut pas lieu. Mon ordinateur portable fonctionnait toujours. Cela faisait un moment que je me baladais avec cet outil dans la caravane ; ce fut pour moi un outil qui m'a stimulé quelque peu intellectuellement, avec lui j'avais la machine à écrire, tous mes dossiers, mes archives de bureau. Il prenait très peu de place et me permettait de travailler quelques dossiers, faire quelques comptes rendus de réunion, de me détendre aussi en regardant le soir un film sur DVD. L'outil par excellence pour un nomade !

Ma hantise était les virus et les bugs de l'ordinateur.

Cela me faisait penser au texte biblique de la Genèse où Dieu créa l'homme à son image. Tout allait bien au paradis jusqu'au moment où un virus, sous forme de serpent, perturba leur bonheur. Aujourd'hui, à l'image de Dieu, l'homme créa l'ordinateur, pas encore parfaitement à son image, mais quand même une machine extraordinaire qui décuple ses possibilités mentales. Et tout allait bien jusqu'au moment où il ne put s'empêcher de créer lui-même les virus, les *trojans* et autres saloperies !

Mais à la réflexion, les uns et les autres font bon ménage, puisqu'ils permettent à l'intelligence de l'homme et aux ordinateurs de se perfectionner et de se dépasser.

Y aurait-il donc une morale à l'existence du mal ?

10 janvier, je fus transféré à Cosne-sur-Loire, toujours pour l'autoroute A 77. Je fus accueilli dans une ferme à Myennes, chez

Gérard et Michelle Girard, éleveurs de bovins et caprins. Michelle préparait d'excellents fromages de chèvres. Avec Gérard, nous étions jumeaux, nés le même jour. J'eus l'occasion par la suite de marier leur fille.

Sur le chantier, je manœuvrais une pelleteuse *Komatsu PC 300.*

À Pâques, ne pouvant quitter Cosne, j'envoyai un petit mot de solidarité à la Mission de France rassemblée ce jour-là.

22/04/2000

Joyeuse Pâques !

Chers amis,

Je salue tous les participants de ce rassemblement. Je pense à ceux que je connais, petits et grands… et ceux que je ne connais pas encore ! En cette veille de Pâques, je ne résiste pas à vous raconter une drôle d'histoire qui s'est passée cette semaine sur le chantier.

J'étais sur ma pelleteuse et je chargeais des camions, toujours des camions… et je me disais : une grosse pelletée pour mon patron, une autre pour mon chef adoré, une autre pour mon entreprise respectée… et ainsi le temps passait tout doucement. Ma pelleteuse ronflait. Il y avait du bruit, de la fumée et de la poussière, et même du soleil. Tout allait bien, je chargeais de la terre tout en faisant un beau talus.

Dans l'après-midi, j'entendis comme des sifflements ; Je me disais : « Chic alors ! une courroie qui va lâcher ; on va pouvoir se reposer. » Mais en me retournant par hasard, quelle ne fut pas ma surprise de voir deux gros merles qui chantaient à tue-tête sur la haie.

Je leur dis alors très en colère : « Sifflez moins forts on ne s'entend plus ! »

Alors, l'un d'eux, sans se dégonfler, me dit : « Oh, ça va, le pelleteur, fais quand même attention ; on est chez nous ici, et si on chante c'est que dans notre nid nous avons de jolis œufs ! » Entre deux camions je regardais plus attentivement la haie, et je vis près des chenilles de ma pelleteuse un grand nid, bien à l'ombre du feuillage, avec dedans des ovales bruns et clairs.

Je leur dis : « Mais vous avez pondu des œufs en chocolat ! »

« Et alors, dit l'autre, tu ne sais pas qu'à l'approche de Pâques, nous ne pondons que des œufs en chocolat, pour rappeler à toute la nature et aux enfants que Jésus est ressuscité ! »

Puis il s'arrêta et prit un air un peu plus agressif pour me demander : « Et toi, qu'est ce que tu vas faire pour annoncer cette bonne nouvelle ? »

Je n'eus pas l'occasion de lui répondre car un autre camion se présentait pour le remplir. Et tout en continuant je me disais : « Comment vais-je rappeler à mes copains de chantier que le Christ est vraiment ressuscité ? »

Arriva la fin de la semaine. Les engins sont rangés bien en ligne. On se serre la main et je risque à tout hasard : « Bonne fête de Pâques Bernard »… « À toi aussi curé ! » « Joyeuse Pâques Dédé… » « Toi aussi curé ! » « Pareil pour toi Pierre, Louis, Paul, Jacques, David… à toi aussi… à toi aussi… Salut à Mardi. »

Et c'est tout ! Se souhaiter bonne fête de Pâques sur un chantier, c'est peut-être pas très original ! Mais cela s'est fait. Et bien à vous aussi, à Francheville, bonne fête de Pâques, c'est vrai que le Christ est vraiment ressuscité. Tout est encore possible, inouï, inattendu.

Sur le chantier, je rencontrai un potier de la région, travaillant en intérim l'hiver sur les chantiers et vendant ses poteries l'été sur les marchés au sud du pays. Il n'avait évidemment pas le profil du manœuvre et se faisait souvent engueuler par le chef, ce qui ne l'impressionnait guère. Il s'appelait Bertrand. Nous eûmes souvent l'occasion de discuter, il m'invita un jour pour visiter son atelier et son four. Je lui achetai quelques-unes de ses œuvres. Du bel ouvrage !

À cause des nombreux changements, je n'avais même plus l'occasion de contacter les Églises locales et de réfléchir avec les chrétiens engagés. La question se posait toujours : ce ministère que je continuais de porter loin de tout était-il porteur d'avenir ou d'illusion ? Au cours d'un atelier BTP, nous avions réfléchi sur le thème suivant : *L'espérance ! Nos vies étaient-elles porteuses d'avenir ou d'illusion ?*

Voici ce que j'en ai retenu à travers un compte rendu.

Bien malin qui pourrait le dire, et pourtant l'espérance me dit que toute histoire est signe, porteuse de sens, mais aussi de contre sens...

Cette présence, ce signe que ce ministère m'oblige à poser, n'est pas convaincant. Il n'oblige personne, mais il interroge : « Tiens, on ne savait pas que ça existait, qu'est-ce que tu fais, comment que ça marche ? »

La trace dans les mémoires

Je ne fais rien d'extraordinaire, ni de convaincant, mais ça laisse des traces dans les mémoires, on se rappelle du curé, et souvent je ne me rappelle plus d'eux.

J'aime bien le mot trace, à ne pas confondre avec une ornière ou des rails de chemin de fer. Dans les Travaux publics, une ornière est le signe qu'un terrain a été défoncé et que l'eau s'infiltrera pour le désagréger. Les ornières sont réputées comme dangereuses. Il y a deux ans, un conducteur de travaux, à pied, s'est embourbé dans une ornière, il s'est fait écraser par un scraper qui reculait. Il était père de deux enfants.

Par contre, une trace dans le désert ou en forêt m'indique une direction, elle ne m'oblige pas de la suivre, elle ne m'embourbe pas, elle indique aussi son auteur : un homme, un animal, un véhicule. Une trace me laisse libre dans son interprétation. Une fois tracée, elle n'appartient plus à personne, si elle n'est pas significative elle disparaîtra, sinon elle sera reprise et modifiée, amplifiée pour devenir un chemin, une route. Une trace n'a pas de fondation, mais il y a parfois des fondations le long des traces. Trace, signe et mémoire sont intimement mêlés, comme amitié, contact et partage.

Si cela est repéré comme étant une bonne nouvelle, si cela acquiert du sens pour les gars avec lesquels je travaille et j'habite, alors ce ministère devient sacrement, car il leur révèle qu'il y a parfois des choses valables dans la vie ; cela leur rappelle peut-être leur catéchisme, un certain

Jésus-Christ, mais aussi certaines valeurs vécues, reconnues importantes dans le boulot, dans le syndicat, par exemple à travers les dernières manifs à propos des universités.

À la lecture de ce texte, et devant le constat de la raréfaction des prêtres ouvriers, on pourra toujours se demander : *la trace des prêtres ouvriers a-t-elle été bien repérée comme une bonne nouvelle pour aujourd'hui ?* Parfois le grain de blé met du temps pour germer et il est vrai qu'il faut qu'il accepte de mourir avant ! Et moi je n'étais pas trop pressé !

Le 5 juin, transfert à Maltaverne, un peu plus au Nord, toujours dans la continuité du tronçon de l'A 77. J'installai la caravane derrière le parking d'un restaurant de routiers *« Chez Maurice »*. On était plusieurs. Il y avait Roger, qui se présentera plus tard comme délégué syndical à la CGT ; Yannick qui s'était acheté une caravane toute neuve, avec 5 ans de crédit sur le dos ; André dit Bidule, un bon « bulliste » qui travaillait sur le chantier en sous-traitance.

Avec Bidule, il nous arriva une drôle d'histoire. Un jour que l'on discutait autour de l'apéro, on en était venu à discuter religion. À croire que l'un est lié à l'autre ! Il me raconta l'histoire de son plus jeune frère, qu'il aimait bien et qui mourut d'un accident. La famille l'avait enterré en passant par l'église, mais lui ne put y participer. Je sentais qu'il culpabilisait et qu'il n'était pas en paix avec la mémoire de son frère. Au bout d'un moment, je lui demandai s'il voulait bien que je célèbre la messe avec lui à sa mémoire. Je vis dans ses yeux la surprise : « Tu ferais ça pour moi, curé ? » Le lendemain, après le boulot, il était là, bien habillé. Après avoir écouté de nouveau l'histoire de son frère, nous avons lu un évangile où il était question du jugement dernier dans l'évangile selon saint Mathieu, au chapitre 25, et nous avons célébré l'eucharistie tous les deux dans la caravane.

N'étions-nous vraiment que deux ? J'avais l'impression que la caravane était pleine de monde : son frère et une partie de sa famille.

Le bon Dieu, aussi ? Certainement, puisqu'il avait dit un jour : « Lorsque deux ou trois se réuniront en mon nom, je suis au milieu d'eux. » Donc il devait être là aussi. En tout cas, il me semblait que la caravane était pleine à craquer ! Et lorsque Bidule était parti, je l'avais senti heureux. Par la suite, bizarrement, il m'appela par mon prénom et je l'appelai André ! Cette eucharistie, célébrée dans ma caravane, m'est souvent restée comme un modèle de proximité et d'humanité de ce Dieu incarné pour tous les hommes.

Le 28 juin, vote des délégués du personnel et du Comité d'entreprise. Je fis le plein des voix.

Le 18 juillet, je fêtai mes 54 ans avec mon nouveau jumeau de Myennes, Gérard…

Le 25 août, je fis la connaissance d'Armand, un prêtre des environs, l'un des responsables du journal paroissial *Le Carroué*, distribué sur une dizaine de paroisses. Il était venu me voir à la caravane et sur le chantier pour m'interviewer et prendre quelques photos. Il m'a fait découvrir un artiste local, Jean Linard, installé, à l'époque, dans une ancienne carrière de Neuvy-deux-Clochers, dans le Berry. Il y avait bâti une cathédrale à ciel ouvert ; pour quelqu'un qui ne croyait pas en Dieu, c'était impressionnant de beauté et de foi.

1er septembre, transfert sur un petit chantier à Ceyrat au sud de Clermont. Je fus obligé d'aller mettre la caravane au camping.

20 septembre, trois semaines plus tard, transfert à Billezois près de La Palisse. Je logeais chez des jeunes paysans, Olivier Pothier. Je travaillais sur une *Liebherr 964* ; le chantier était en participation avec Valerian. Le chef s'appelait : Canard. Au début je pensais que c'était un surnom, parce qu'il en avait bien la tête, mais non, c'était son vrai nom. Lorsque je revins après une semaine en RTT, un autre gars était sur la pelle. Le chef refusa de me laisser la reprendre. Du coup, tout en restant sur le chantier, je refusai de travailler. Discussions avec le chef d'agence… et des promesses !

Le 18 octobre, transfert à Bourges. Toutes les places chez les particuliers étaient prises, même en périphérie de ville. Je trouvai in extremis un endroit près d'une église, au « Relais Saint-Paul ». C'était la première fois que je m'installais en caravane à l'ombre d'un clocher !

Avant que je n'arrive sur ce chantier, il y eut un accident mortel : une pelleteuse s'était renversée après un affaissement de terrain. En se couchant, le bras de la pelle avait écrasé un intérimaire. Toutes les précautions avaient été prises, on savait que l'on travaillait sur « un gruyère », et pourtant c'était arrivé…

Le 24 décembre, je retrouvai ma famille et les amis dans le Nord. Je célébrai la veillée et le jour de Noël avec Paul W., mon vieux copain prêtre depuis le temps où j'étais séminariste dans sa paroisse.

Année 2001

33

L'électron libre

Les transferts étaient de plus en plus fréquents. Difficile de rencontrer dans ces conditions les églises locales. Sur le plan syndical, par manque de durée : plus de référence locale avec les UL et UD, peu de contact avec la Fédération du bâtiment ; j'avais tous les inconvénients des gars isolés : beaucoup de dépannages individuels, de critiques aussi lorsque cela n'aboutissait pas. J'étais souvent devenu le fusible pour les antisyndicaux, surtout de la part des chefs, et ne rencontrais pas beaucoup de soutien apparent des copains : peu de cotisants. J'avais vraiment l'impression de faire cavalier seul, avec les dangers que cela comportait. On avait en majorité voté pour moi, mais je n'avais, hélas, qu'un mandat de délégation. Je relayais les revendications des gars au siège de l'entreprise au cours des réunions de DP et CE, mais je n'avais aucun moyen de pression. Les problèmes se situaient souvent au niveau des petits chantiers d'agence : manque d'hygiène et de sécurité (pas de douche, pas d'endroit pour casser la croûte). Le temps de réaction était souvent trop long par rapport à la durée des chantiers et les équipes de travail étaient petites, composées essentiellement d'intérimaires, très fluctuantes.

Au niveau du ministère, j'avais même l'impression de donner parfois l'image d'un électron libre ; bien sûr, je célébrais quelques mariages de copains ou des baptêmes, signe que j'étais repéré. Mais cela pouvait-il nourrir son homme ? Pourtant, depuis l'année dernière, j'accompagnais une équipe d'ACO à Bourg-Lès-Valence (à côté de Guilherand Granges, mon lieu d'habitation administrative). Cette équipe me fut présentée par J.-M.Grangeon, un vieux copain prêtre de Valence, proche de notre équipe BTP depuis le début de notre installation. Quoi de plus naturel à travers cette équipe d'avoir un début de point d'ancrage.

En mars, nous avions une réunion avec la famille Vercoutère à Valence, bien impliquée dans la paroisse avec Alain Planet, alors responsable en intérim de la nouvelle paroisse Notre-Dame des peuples. L'idée était d'avoir un statut de prêtre associé, reconnu par la MDF et le diocèse, tout en conservant la priorité au travail. Mon idée, certes un peu farfelue, était de faire connaître la diversité des ministères et de faire comprendre que chaque ministère peut être signe d'Église ailleurs que dans une communauté. La mission était, me semblait-il, aussi à ce prix. Alain, curé par intérim à Saint-Pie X (futur évêque de Carcassonne), avait bien compris l'enjeu.

Année 2002

34

« Théoriser »

L'année suivante, une lettre de mission de la MDF, signée par Mgr Gilson, officialisa mon insertion pastorale à Valence en rappelant ma mission de prêtre ouvrier *dans le secteur d'activité économique des BTP, suivant l'itinérance des chantiers et de ceux qui y travaillent, au gré des entreprises.* Au niveau de la réflexion, j'étais toujours en lien deux fois par an avec l'atelier BTP en région parisienne. Le thème, cette année-là, c'était évidemment les 35 h !

Je participais aussi aux réunions de la région Sud-Ouest des prêtres ouvriers. Puis une fois par an, dans le cadre plus spécifique de la MDF, nous avions notre session des prêtres de moins de 65 ans à Pontigny, dans l'Yonne. Ces assemblées studieuses étaient l'occasion de nous revoir autour d'un thème de réflexion précis. Les débats étaient parfois houleux, mais toujours intéressants. Cette année-là, le thème était celui-ci : *Nos pratiques sont riches, mais nous sommes démunis quand il s'agit de théoriser… Nos dialogues ne sont pas exempts de raideurs lorsque nous cherchons, par exemple, à théoriser la place du ministère ordonné dans la communauté.*

Je percevais bien à travers ce thème le glissement vers la fondation d'une communauté Mission de France majoritairement laïque et des insertions professionnelles plus homogènes orientées vers les milieux ingénieurs, chercheurs, médecine, enseignants, animateurs sociaux, inspection du travail. Il nous était de plus en plus difficile de dégager un sens commun et donc de « théoriser » comme au bon vieux temps sur la classe ouvrière !

Déjà un petit commentaire sur le mot théoriser. Personnellement je ne me sens pas du tout démuni lorsqu'il s'agit de « théoriser », le tout est de savoir ce que l'on met derrière ce mot... Il ne faudrait pas que certains se sentent « terrorisés ! » par la théorie ; il est aussi bon que chacun puisse exprimer et en confronter le sens, si théorie veut dire cela. Ensuite je pense que ce qui est porteur de sens pour l'un ne doit pas être transformé par « raideur théorique » par d'autres. Avant on parlait d'idéologie, il ne fallait pas « idéologiser », cela faisait peur surtout à ceux qui se croyaient sans idéologie ! Mais je m'égare !

Soyons humbles et acceptons que d'autres puissent apporter un sens à notre propre histoire. Bien conscient de la difficulté toute théorique du travail, je me conformerai donc à un récit, rien qu'au récit.

C'était déjà une vieille histoire qui prenait ses racines en Vendée. Nous sommes en 1994. Il fait chaud, le chantier bat son plein. Il s'agit de construire une autoroute entre Montaigu et les Essarts ; 2 ans de chantier. Les engins hurlent de joie et avalent goulûment la terre. Je suis sur ma pelleteuse, et les camions, dans des nuages de fumée, se placent un à un sous le godet. Entre deux bouffées de fumée et de poussière, j'aperçois Alain, qui est manœuvre ; le matin, il fait le plein de fuel des engins, et l'après-midi, il est avec moi en bas. Il vérifie le profil des talus avec un gabarit. On se fait parfois signe. Histoire de dire qu'on est encore vivant.

Le soir arrive, je rejoins ma caravane dans la forêt de Gralas (haut lieu de la chouannerie vendéenne). Après ce moment idyllique passé dans la nature, je rejoins la caravane, et qui je vois ? Alain... Rien qu'à le voir faire du cheval à bascule dans ses souliers, je sais pourquoi il est là...

- Salut curé ! Je suis venu boire un dernier jaune avec toi !

Quand c'est comme cela, Alain se saoule autant de paroles que de Ricard. Souvent il répétait : « Toi curé t'es mon copain, tu marieras mon garçon. »

Puis l'histoire s'est accélérée pour Alain : contrôle d'alcoolémie, délit de fuite, tribunal, suspension de permis de conduire. On lui propose une nième fois de faire une cure de désintoxication de deux mois, mais cette fois à 400 km de chez lui, en internat. Alain tient le choc. Il fait la connaissance de pilotes de lignes, de médecins, de patrons, tous venus se faire soigner comme lui.

Entre temps je pars sur d'autres chantiers… Alain, lui, revient de sa cure de désintoxication. Il a retrouvé du boulot. Un jour le téléphone sonna, c'était Alain. Il me dit :

- Tu sais, je tiens toujours le coup ! Quand est-ce que tu maries mon fils ?

- Et ben je ne sais pas, quand il voudra !

Puis on se donne quelques nouvelles… La vie continue. Alain me téléphone toujours. Il est venu avec sa femme me voir à Valence ; il ne boit toujours pas, il est fidèle. Et puis, en mai 2001, après avoir rencontré plusieurs fois son fils Yannick et sa future je les ai mariés en Vendée, quelle fête ! Il n'a pas bu une seule goutte d'alcool.

Sans vouloir « terroriser » personne, je pense que la fidélité d'Alain est venue aussi structurer la mienne !

25 juin, fin du chantier à Bourges et transfert à Molinet-Digoin pour un rétablissement d'ouvrage d'art (un raccordement de route sur un pont). J'installai la caravane dans la ferme de Jean-Marc et Nicole Labaune. Super ambiance ! La volaille, qui courait à l'air libre dans la cour, avait une drôle de physionomie : quelques canards, une poule ou deux, et une vingtaine de coqs ? Dix coqs pour une poule ! De toutes les races… Réveil assuré tous les matins avant le lever du soleil, à 4-5 heures, par un concert époustouflant !

On s'y était habitué ; d'ailleurs la semaine suivante dans la voiture qui nous emmenait sur le chantier on se disait même bonjour en faisant des concours de cocorico ! C'était à celui qui imitait le mieux le cri du coq. Sur le chantier, nos chefs se demandaient si mentalement nous n'étions pas atteints ! il est vrai aussi que le loyer de l'emplacement n'était pas cher. À la fin du chantier, malgré les craintes du propriétaire, lorsque nous sommes partis aucun coq ne manquait à l'appel !

30 juin, baptême de Coraline, petite fille de Roger, délégué CGT, à Bussy-Albieux. Je fis la connaissance de Thérèse, la maman de Jeanine, la femme de Roger. Nous étions ensemble au repas du baptême. J'appris qu'elle était d'origine russe. Pendant la guerre, elle avait émigré en France, à pied, en passant par la Pologne. C'est en Allemagne qu'elle avait connu son mari français, qui travaillait en STO. Ils s'étaient mariés et eurent de nombreux et beaux enfants ! Une histoire pas commune… Pour retenir sa langue maternelle, elle chantait en russe des chansons de son pays comme *Les bateliers de la Volga*… et même *l'Internationale* !

À la fin du repas, je fis un duo avec elle : elle chantait les couplets de *l'Internationale* en russe et moi le refrain en français. Ce fut la première fois et sans doute la dernière qu'au cours d'un repas de fête de baptême je pus entendre chanter en russe *l'Internationale* et reprendre le refrain en français. Même dans les manifs de rue cela ne m'était jamais arrivé ! Elle n'était pas communiste, mais le fait de le chanter en russe avec un ami prêtre et toute sa famille en fête à l'occasion du baptême de sa petite fille prenait forcément une tout autre dimension.

Le 8 juillet, je célébrai à Loriol le baptême de Killian, petit fils de Jean Charles dit Tintin, copain de boulot. Le 21 juillet, le mariage d'Eddie et de Nora à Féchain dans le Nord. Des amis d'enfance. Le 6 août, nouveau transfert à Lapalisse ; la caravane dans la ferme de la famille Pothier. Le 11 août, mariage de Rémy et Béatrice à Niaux (Tarascon-sur-Ariège), préparé par internet avec quelques visites. Le 18 août, mariage de Barbara et de Sébastien à Myennes (près de Cosne-sur-Loire). J'avais installé ma caravane quelques mois chez les parents de Barbara. Le 22 septembre, baptême à Loriol de Coraline, petite fille de Monique et Jean-Claude Pacalet, copains de boulot. Beaucoup de déplacements et de fatigue, mais la conscience de participer à une Église présente dans les moments forts de la vie de mes copains. Des moments exceptionnels !

Le 4 septembre, j'étais transféré à Maltaverne. J'installai ma caravane de nouveau chez Maurice, le propriétaire de l'hôtel-restaurant *«Le routier»*. Bernard dit « Bidule » n'était plus là. Au boulot, j'eus quelques frictions avec le conducteur de travaux : aucune douche n'était branchée ; des journées continues de travail (sans pause le midi) qui n'étaient pas payées à leur juste valeur ; pas de prime de chaux. Après l'avoir menacé de mettre l'inspecteur du travail dans le coup, il changea d'attitude. Nos revendications étaient accordées ; le casse-croûte était même payé. Mais je ne faisais plus partie de l'atelier de chaux qui travaillait en journée continue : adieu aux primes ! Une pression très forte était exercée pour nous inciter à travailler le vendredi après-midi ; seulement les volontaires ! Les heures sup étaient récupérées en RTT l'hiver. Nous étions deux à avoir refusé.

De fait, les moyens étaient limités pour résister aux pressions. Isolés et divisés, nous dépendions du bon vouloir du chef qui avait tout pouvoir pour emmerder le monde : changement de machine ; changement d'équipe ; changement d'horaire ; en poste en journée continue ou en journée normale ; transfert à répétition sur d'autres chantiers ; oubli de primes ou d'heures sur les fiches de paye. La palette des pressions était très étendue et bien organisée.

Le 18 octobre, j'étais de nouveau transféré à Lapalisse.

Le 14 novembre, après une réunion de DP et CE à l'agence de Saint-Priest, je fus convoqué par le DRH de l'entreprise dans le hall d'un hôtel à Lyon en présence du secrétaire du CE (syndicat FO) et du responsable de la sécurité de l'entreprise. Auparavant, j'avais envoyé une lettre au DRH, démontrant que les engagements verbaux donnés au moment des signatures sur les avantages des 35 h n'étaient pas respectés. Nos paies étaient en diminution constante. J'avais même conclu la lettre par une menace de grève qui fut prise très au sérieux par la direction. D'où le motif de cette réunion impromptue. L'ambiance fut assez houleuse : je fus traité d'irresponsable malgré les preuves apportées. J'eus beau essayer d'avoir des alliés dans le petit groupe, mais personne ne m'apporta son soutien. Nous étions en train d'essuyer les aléas d'une convention que nous avions signée sans avoir conscience des répercussions de l'annualisation des 35 h. Ce fut un coup d'épée dans l'eau !

Le 24 novembre, première réunion d'ACO à Bourg-les-Valence. J'avais la chance de continuer la réflexion comme aumônier de l'ancienne équipe de Jean Rémond, ancien prélat de la Mission de France.

Le 15 décembre, je voulus rendre visite à Michel G., venu s'installer en basse Ardèche comme ermite. Trop de neige, j'avais dû faire demi-tour. Michel s'était retiré au flanc d'une colline dans une forêt de châtaigniers, loin de tout, dans un petit prieuré abandonné, qu'il essayait d'aménager, sans électricité, avec seulement de l'eau de source. Il faisait son pain et se nourrissait des légumes de son potager ; son chien lui apportait parfois de la viande fraîche… de sangliers ! Nous nous revoyons souvent. Après avoir travaillé comme expatrié en Afrique et en Arabie, comme maçon, il avait sans doute découvert là, en basse Ardèche, le véritable trésor, celui de l'évangile ?

22 décembre, je rentrai dans le Nord pour revoir la famille et les copains.

Année 2002

35

De l'eau potable !

Retour sur le chantier à Lapalisse ! C'est l'année où je participais à l'équipe pastorale de la paroisse nouvelle de Notre-Dame des peuples à Valence. J'essayais d'être actif et de participer à quelques réunions avec François et Lucile V. pour réunir des jeunes en priorité défavorisés et leur proposer des moments de réflexion et de loisir. C'était aussi au cours de ces week-ends que se tenaient les réunions d'ACO. J'assurais aussi une présence en catéchèse, sans responsabilité. Je ressentais l'imperméabilité entre ce que je pouvais vivre au boulot et la demande pastorale d'une paroisse. Les week-ends, après avoir parcouru quelque 600 km de route, j'avais plutôt envie de me reposer.

Saint-Pardoux, à côté de Tulles

Le 18 mars, j'installai ma caravane chez Bébert à Saint-Pardoux pour le chantier du RD 9 à Tulle qui consistait à construire une voie rapide entre l'A 20 au Nord de Brive et l'autoroute de Clermont-Ferrand qui s'arrêtait aux environs de Tulle. Je renouais avec un grand chantier.

9-10 avril, réunion de CHSCT (Comité Hygiène et Sécurité) à Vernon et visite de chantiers environnants.

19 mai, assemblée de la MDF à Valpré (Lyon).

29 mai, réunion syndicale DP et CE à Arles pour préparer les prochaines élections de l'entreprise.

27 juin, élection des représentants syndicaux de l'entreprise ; vote par correspondance ou sur le site pour les grands chantiers. À

la CGT, nous gagnions un siège supplémentaire. Je fus élu titulaire au CE ; il est vrai que notre syndicat remportait toujours le maximum de voix aux élections, mais pour le suivi des actions c'était plus difficile pour les raisons déjà décrites.

Réélu

3 Juillet, après avoir été réélu comme titulaire au dernier CE, membre du CHSCT, nous effectuions la visite de sécurité au barrage de Gabas (Sud-Ouest), barrage de terre et de matériaux environnants, pour une retenue d'eau utilisable pour l'arrosage et l'irrigation des terres agricoles. Un bel ouvrage ! Ensuite, retour sur mon chantier. Nous faisions la journée continue, arrêt casse-croûte d'1/2 heure. Sur un atelier de chaux, le travail consistait à améliorer le sol par un apport de chaux vive, qu'il fallait arroser, malaxer et compacter cela dans des délais impartis afin que la chaux ait son temps pour assainir le sol.

Je faisais aussi quelques remplacements sur une pelle à pneus pour des remblais techniques. Cela consistait de mettre en place du remblai de chaque côté d'une grosse buse en tôle (environ 2,50 m de haut sur une longueur de 20-30 m). Cette buse devait servir à faire passer une petite rivière en dessous du RD 9 qui, pour la circonstance, avait été déviée. Ce remblai était mis par couche de 40 cm et ensuite compacté. On faisait ensuite couler de l'eau entre la buse et le remblai pour que celui-ci adhère bien à la buse. Tout un travail technique que j'aimais bien.

J'étais toujours responsable plus ou moins de la prévention et de la sécurité. J'avais un œil sur nos méthodes de travail et sur l'environnement.

Histoire de la petite rivière

Une petite rivière eut la malencontreuse idée de se promener le long de notre chantier. Elle fut donc une première fois déviée le temps des travaux et de la mise en place de cette grosse buse qui devait lui permettre de passer sous l'autoroute. Mais voilà, à cause des hommes, la petite rivière devenait grise puis marron ; les bouteilles vides en plastique d'eau minérale, de plus en plus nombreuses, commençaient à flotter et à rester coincées entre les pierres ou le long des berges. L'apport de l'eau potable était une obligation sur les chantiers, mais lorsque nous étions loin de tout, nous avions un pack de bouteilles d'eau minérale pour la semaine et souvent, une fois vides, elles se retrouvaient comme déchets sur le chantier.

Suite à une visite de chantier par les maîtres d'œuvre, des remarques assez sévères furent émises sur l'état lamentable de la rivière. Nos chefs, aux cerveaux musclés et un peu vexés, décidèrent de supprimer la distribution des bouteilles d'eau. Ils convoquèrent les délégués pour leur faire part de leur décision : puisque ces (abrutis) d'ouvriers étaient incapables de respecter la nature, ils allaient supprimer la distribution d'eau sur le chantier. En compensation, ils nous fournissaient en échange des bouteilles thermos à l'usage très fragile que l'on pouvait remplir d'eau fraîche le soir ou le matin dans les caravanes. Cette décision avait un gros avantage : ne plus perdre de temps pour les approvisionnements d'eau !

Mais la loi, c'est la loi… même si elle est dure ! Elle stipule que sur les chantiers, il doit être distribué de l'eau potable et pas des bouteilles thermos vides. Nous étions prêts à porter l'affaire devant l'inspection du travail.

Une jeune femme, ingénieur « qualité et méthode », qui n'avait pas la cote parmi les ouvriers, décida le lendemain de mettre des sacs poubelles le long de la rivière, prévenant les chefs d'équipe de leur utilisation. L'initiative était bonne, mais à l'usage ces sacs poubelles ne s'avéraient pas pratiques. Puis quelques jours plus tard, un petit chef d'équipe eut l'idée de transformer un vieux bidon vide de 200 l en poubelle, en écrivant dessus à la bombe fluo orange « POUBELLE ». À quelques-uns, les pieds dans l'eau, on se chargea d'enlever les bouteilles qui flottaient un peu partout, et comme par miracle, chacun par la suite mit ses bouteilles vides dans les bidons. Notre conducteur de travaux n'avait plus d'arguments pour supprimer l'eau en bouteille.

Réunion syndicale à Saint-Macaire

25 juillet, réunion syndicale à Saint-Macaire en Vendée. Nous étions trois à partir de Brive avec une voiture de location.

27 juillet, quinze jours de congés. J'étais parti dans le Nord voir la famille et les amis, poussant jusqu'au Pas-de-Calais pour voir la famille Hamain qui m'avait hébergé pour le chantier du tunnel sous la Manche et Paul Falala, l'aumônier d'ACO. Puis je redescendis par Cosne-sur-Loire rendre visite à Gérard (mon jumeau) et Michelle qui m'avait aussi hébergé. Ils viendront à Guilherand passer une semaine avec moi. Le lendemain arrivait aussi Jérémie Hamain de Wissant, avec sa femme Séverine et les enfants. Comme chaque année, la maison à Guilherand servait de lieu d'accueil et de passage aux copains et aux amis. C'était de bons moments de détente et de fidélité.

16 août, reprise du boulot. Avant, je passai chez Daniel R., pelleteur sur le même chantier. Sa maison était sur la route. Tout heureux, il me montra sa belle piscine d'une quinzaine de mètres, creusée dans le sol et qu'il avait faite lui-même. Il faisait chaud. Nous décidâmes de nous baigner. Lui descendit frileusement par l'échelle. Voulant montrer le grand jeu, je plongeai la tête en avant ; ½ seconde plus tard, je me cognai la tête au fond et remontai à la surface à moitié assommé. Mon copain, tout sourire, en barbotant, m'avoua que ne sachant pas bien nager, sa piscine n'était pas bien profonde. Conclusion : ne montrez jamais chez vos copains ce que vous savez faire !

6 novembre, CHSCT (Comité Hygiène et Sécurité) sur le grand chantier TGV de la région Est, sur le secteur de Château-

Renard. Chantier impressionnant ! Un sol difficile à travailler, qu'il fallait reconstituer par traitement et apport de matériaux étrangers.

7 novembre, dernier repas avec notre famille d'accueil, Bébert et Denise, qui hébergeait nos caravanes à Saint-Pardoux.

Chantiers en Auvergne

8 novembre, je me retrouvai près de Pontgibaud en Auvergne pour un chantier sur la Sioule (toujours pour l'autoroute A 89). J'installai la caravane à Bromont-la-Motte, chez Marcel L. (le nom). Avec d'autres copains, je fis la connaissance de Jacques, un normand, dit le Blaireau, conducteur de *bull*. Marcel, le propriétaire, prenait un peu cher de location mais il ne voulait pas se faire rouler au niveau électricité. C'était donc le Blaireau qui était chargé de ramasser les loyers

9 et 10 novembre, je me rendis à Issy-les-Moulineaux pour une réunion de prêtres ouvriers encore salariés. Nous n'étions plus qu'une trentaine…

11 décembre, petite hémorragie interne à l'œil gauche suite à un nouveau décollement de rétine (le troisième depuis 96 !). Un peu paniqué, j'expliquai la situation au chef ; pris la voiture, et fis les 350 km pour me rendre à Valence. Je consultai l'ophtalmo en urgence, qui me fit comprendre que j'avais pris des risques ; le lendemain, passage au laser en clinique et arrêt de travail. Je terminais bien l'année.

Année 2003

36

Une choucroute épiscopale !

Le 2 janvier, j'allai à Cambrai (comme chaque année) pour visiter Hector, prêtre âgé qui finissait tranquillement ses jours dans une maison médicalisée. Avec Paul Wattenne, il m'avait soutenu, contre vents et marées, dans ma vocation lorsque j'étais séminariste ! Je lui devais bien ma fidélité. Ce jour-là, Hector m'offrit le calice qu'il avait lui-même reçu d'un de ses anciens professeurs. Ce fut un gage très fort d'amitié et de communion dans la foi de notre sacerdoce. Par ce geste, ce calice prenait un tout autre sens, en dehors de sa beauté il me rappelait que malgré nos différences nous étions attelés à une même tâche : annoncer une bonne nouvelle et la célébrer. Je me sentais un peu plus enraciné dans une tradition, une mémoire, une communion. Cet objet devenait sacré parce que porteur d'une histoire à laquelle j'étais mêlé. Aussi beau qu'une alliance de mariage.

En caravane à moins 20 degrés à Bromont

6 janvier, reprise du boulot… Il faisait très froid à Bromont-la-Motte ; le thermomètre dépassait les moins 20 degrés. Les joints en caoutchouc des portes de caravanes restaient collés. On passait de l'eau chaude autour des portes, et après avoir bien essuyé, on mettait de l'huile alimentaire sur les joints qui ne collaient plus durant deux ou trois jours. Les compteurs électriques battaient des records. Chacun ne voulait payer que sa stricte consommation ! La plupart trafiquaient les compteurs individuels pour gagner quelques kw/h. Ainsi, à la fin du mois, la facture générale ne correspondait

jamais aux relevés des consommations. Il fallait discuter dur pour savoir qui payait quoi.

En février, Jacques, dit Le Blaireau, notre trésorier, était en arrêt de travail pour un blocage de reins. Plus personne pour encaisser les factures d'électricité ! Les copains (mais était-ce encore des copains ?) se mirent tous d'accord pour que je me charge d'encaisser les factures d'électricité ! On décida donc de mettre un gros compteur de chantier, plombé et reconnu par EDF, et de faire une péréquation entre les caravanes. Les négociations entre nous avaient porté leur fruit !

Je fis connaissance de l'équipe retraités des prêtres ouvriers de Clermont-Ferrand. Un contact très chaleureux !

On m'interviewa pour le journal de la Mission de France, occasion pour redire et répéter, comme des incantations, certaines de mes convictions.

Dominique Fontaine *:* Tu es conducteur d'engins de chantier et prêtre. Ta paroisse, c'est ce monde du travail. Comment conçois-tu ton ministère ?

J.-M.V. *: Comme prêtre ouvrier, j'y vois la convergence de différents ministères.*

*D'abord le **ministère du rassemblement** ! En constatant les chaises vides de nos églises, l'urgence est celle d'une Église hors les murs, sachant que « l'Esprit nous précède ».*

*Puis le **ministère de l'eucharistie** par le partage de vie, dans le travail, la lutte, l'engagement et l'incarnation des valeurs qui font l'humanité sauvée en mémoire du ressuscité.*

***Le ministère d'un parti pris, celui de l'Évangile**. Ce ministère entraîne parfois des outrances et du désordre dans les systèmes établis, dans les entreprises ou les institutions. « Des vendeurs sont chassés du Temple[26] ! »*

26. Saint Jean, 2, 13-25.

Le ministère de la mission *confiée par une Église inspirée par Pentecôte.*

Le ministère de la laïcité*, car nous avons perdu dans les entreprises nos signes cléricaux et nos prérogatives de clercs ; nous sommes reconnus par notre vie et nos actes.*

Le ministère de la parabole évangélique *qui s'enracine dans le récit de nos vies et dans la tradition des prophètes de l'Ancien Testament. Histoire simple, comprise par le peuple des pauvres, mais dénonçant l'injustice des dominants.*

Le ministère de l'eschatologie christique *dans le rôle du déjà là bien sûr mais aussi dans l'absence et l'incomplétude. D'où ce ministère de la recherche, du déplacement et de la précarité et non de l'acquis et des certitudes.*

Ces ministères ne sont pas ceux du discours abstrait mais ceux de l'attitude, du geste et du signe. Notre Église devient celle de l'événement dans laquelle Dieu fait signe. L'événementiel relu dans la foi est devenu notre liturgie et le Sacrement.

Tous ces ministères nous sont confiés par un peuple de rois et de prêtres pour un peuple d'opprimés chez qui nous avons été envoyés. Cela est vrai depuis 50 ans, et en particulier en 1954 par l'interdiction des prêtres ouvriers qui fut paradoxalement l'authentification douloureuse, l'événement fondateur par la croix, de nos ministères pour un peuple (la Classe) ouvrier(e).

Heureusement, lors de mon ordination il y a 24 ans, l'Esprit Saint – pour préserver mon humilité, du moins ce qu'il en reste – ne m'a pas chargé de toutes ces dimensions du ministère. Je les ai découvertes peu à peu, elles sont devenues mes référents dans la lignée des prêtres ouvriers qui m'ont précédé.

(…)

L'arrivée du printemps

Dans la vallée de la Sioule, lorsque le printemps arriva, nos machines se mirent de nouveau à ronfler dur ; notre travail consistait alors à déboiser et aménager le terrain à flanc de collines pour bâtir les piliers qui supporteraient le viaduc qui enjamberait la rivière de la Sioule.

À l'entrée du chantier, il fallut dégager un espace pour les bureaux, des aires de stockages pour entreposer le matériel et la centrale à béton, et des pistes suffisamment larges pour permettre le passage de semi-remorques. À chaque base de pilier, nous faisions le terrassement pour les plateformes qui accueillaient les petits bungalows, le matériel de ferraillage et les grues. Nous creusions aussi les fondations pour chaque pilier.

Un jour, dans un de ces puits, des hommes s'affairaient à 4 ou 5 mètres de profondeur pour installer le ferraillage, lorsque l'un deux fut pris de malaise. Du fond du puits émanaient d'anciens gaz volcaniques. Le lendemain, il fallut installer tout un système de ventilation pour travailler de nouveau au fond du puits.

Notre environnement de travail était superbe, situé entre deux nuages ; les volcans d'Auvergne nous faisaient signe à l'horizon.

24 février, mon chef préféré, dit La Couture, se faisait écraser le haut du pied par les chenilles d'une pelleteuse. Heureusement il avait ses chaussures de sécurité ; une semaine d'arrêt. Pressentant mon transfert prochain sur un autre chantier, je passai les consignes pour la bonne gestion du compteur électrique à Roland le gradériste qui accepta le service.

Disparition de l'atelier BTP

Après la mise en retraite de certains des membres et le choix pour d'autres vers différents réseaux ou relais MDF, il fut décidé de mettre en sommeil cet atelier, faute de combattants.

Chers amis,

L'atelier BTP, après une longue et féconde histoire, a décidé de se mettre en veilleuse ou encore en hibernation ou mieux encore en réseau dormant (mais que d'un œil !) La raison majeure a été le départ de 6 participants en l'espace de 2 ans. Les causes avancées sont trop d'activités locales ou les départs en retraite ou à l'étranger.

Pourquoi, alors, n'avoir pas fermé complètement l'atelier ? Curieusement, en ce dernier week-end qui devait être fatal à nos rencontres, deux nouveaux arrivants étaient présents et décidés à venir réfléchir sur ce qui faisait leur vie de chrétien dans ce milieu. Lorsqu'on regarde l'impact que conserve ce milieu socioprofessionnel, on constate qu'il continue de générer de nombreux métiers, que de nombreux grands chantiers existent encore (portuaire, TGV et auto routier) et que d'autres sont aussi en projet, que cela entraîne des déplacements, des embauches locales mais aussi de la précarité et de l'exploitation de la main-d'œuvre.

Lorsqu'on regarde l'histoire de notre atelier, chacun d'entre nous peut être fier de la réflexion originale produite, fier des nombreux copains qui ont participé à cette réflexion et heureux de l'ambiance typiquement BTP qu'il y régnait. Pour toutes ces raisons, nous avons cru bon de mettre notre atelier en état de veille en continuant de nous rencontrer sur un mode plus convivial et festif, plutôt dans le Sud qu'à Paris, sans date préétablie, en restant en éveil sur ce qui se passe dans le métier, en utilisant téléphone ou internet et en accueillant de nouveaux arrivants qui seuls pourront réveiller le réseau.

Fait en L'an de grâce 2003, le jour des Rameaux.

Présents et signataires : Alain et Françoise Galopeau, Robert et Annie Bonin, Patrick Rouland, Marie-Pierre Etiennay, René Marijon, Jean-Michel Verstraete

Comme pour un enterrement de première classe, nous parlions de sommeil et de réveil ! Beaucoup de vœux pieux, mais l'atelier, lui, ne s'est jamais réveillé. Maintenant on parlera de réseau. Quant à moi, je n'avais plus de lieu spécifiquement MDF pour une réflexion liée au métier.

La vie continue…

16 juin, j'étais transféré un peu plus loin, sur le même tronçon A 89, au Nord-Ouest ; j'installai ma caravane à Manzat chez Christophe Rossignol, dit Mino. L'aire d'accueil était nickel, avec compteurs électriques (pas trafiqués !) et une borne d'eau à côté. Et un loyer raisonnable…

Quelque temps plus tard, je fis connaissance de François Chambon, curé de la paroisse, ancien délégué diocésain du Monde ouvrier et aumônier d'ACO, avec lequel j'entretenais un bon contact. Je rencontrai aussi Claude et Marie Thérèse Bogaert ; lui faisait partie du conseil d'administration du journal paroissial. En invitant quelques copains de travail, nous fîmes avec lui un article sur nos conditions de vie.

Claude B. : Depuis quelques mois, il est difficile de ne pas longer ou traverser, ici ou là, le chantier de l'A 89. Ce n'est pas aux travaux mais aux travailleurs que nous allons nous intéresser. Nous en avons rencontré quelques-uns parmi ces pelleteurs, bullistes, chauffeurs de *dumpers*, de tombereaux, *scrapps*, géomètres, descendeurs de talus, laborantins, mécaniciens, mazoutiers, agents de sécurité, etc., etc. Nous voyons divers logos sur les engins et véhicules. Combien y a-t-il d'entreprises, et comment est réparti le travail ?

JMV *: En ce qui concerne l'A 89, six entreprises de travaux publics ont pris en charge le terrassement, elles se répartissent en gros un secteur géographique, mais dans chaque atelier de travail le personnel hiérarchique et ouvrier est mélangé. Les trois entreprises* (Déchiron, Guintoli et Valerian) *réalisent le tronçon Combronde-viaduc sur la Sioule. Trois autres entreprises ont le secteur Sioule-Saint-Julien Puy Lavèze.*

CB : Si je comprends bien, vous êtes envoyés chacun « n'importe où » et avec « n'importe qui », ce ne sont pas des équipes qui se déplacent.

JMV *: Oui, nous pouvons être appelés n'importe où pour des missions à durée variable, selon notre spécialité, ce qui fait que nous* *accomplissons un travail et nous partons pratiquement toujours sans voir le chantier terminé, ce qui est un peu frustrant !*

CB : À titre indicatif, durant les deux années avant leur venue en Auvergne, l'un travaillait sur un barrage dans les Pyrénées, un second sur l'A 66, dans l'Ariège, un autre sur le TGV Sud, à Avignon, certains ont travaillé au tunnel sous la Manche puis au TGV Lille-Bruxelles ou en Vendée, sur l'A 85… À vous entendre, plusieurs d'entre vous ne peuvent cacher qu'ils viennent du Sud, est-ce le cas de beaucoup ?

JMV *: Nous venons des Bouches du Rhône, du Vaucluse, du Tarn-et-Garonne ; il y a un certain nombre de gens du midi, peut-être plus nombreux dans l'une ou l'autre entreprise, mais il y a aussi des gens de l'Est et du Nord de la France.*

CB : Un peu partout autour de Manzat, il y a des « campements » de caravanes. Est-ce le mode de logement le plus courant ?

JMV *: Oui, c'est la façon de faire pour les travailleurs qui restent assez longtemps sur un chantier et cela pour plusieurs raisons. Même s'il faut investir dans une caravane et un véhicule assez puissant pour la tracter, à long terme, c'est la solution la moins coûteuse. Il y a encore le fait que cela nous rend autonomes (nous le sommes aussi souvent par tempérament) : il n'est pas facile de trouver un hôtel qui nous serve des repas après notre travail à 14 ou 22 heures.*

Ceux qui sont appelés sur un chantier pour peu de temps se tournent plutôt vers les hôtels. Ils ont parfois des cartes d'abonnement pour des chaînes d'hôtels 24/24.

Il faut aussi savoir qu'un certain nombre de personnes sont embauchées sur place, parfois comme intérimaires, et que nos entreprises ont des systèmes de formation pour ceux-là. Les TP restent la branche qui embauche le plus.

CB : Vous êtes des « hommes de la route » à double titre : vous les construisez et vous les empruntez beaucoup, les WE, pour retrouver votre famille.

***JMV**: Nous construisons des autoroutes mais nous ne pouvons pas beaucoup les utiliser pour rentrer chez nous car, lorsqu'elles sont finies, il faut aller ailleurs ! Nous faisons facilement 60.000 km par an. Ce n'est pas évident d'être toujours éloignés des siens : nous connaissons d'ailleurs un certain nombre de couples qui n'ont pas résisté à cet éloignement permanent. Quelques-uns viennent en couple sur les chantiers, mais cela ne représente même pas 10 % de l'ensemble des ouvriers.*

CB : Parmi nous, ce soir, deux personnes ne sont pas du chantier. Ce n'est pas moi mais vous qui avez voulu qu'elles soient là. Pourquoi ?

***JMV**: Ce sont « nos propriétaires ». Ils nous accueillent sur leur terrain. Quand nous arrivons quelque part, beaucoup de gens, pour des raisons diverses, ne veulent pas nous voir. Il nous faut pourtant trouver un lieu pour entreposer nos caravanes. Nous ne sommes pas trop exigeants : nous cherchons un bout de terrain, avec l'électricité (nous préférons ne pas être trop nombreux au même endroit), et ensuite on se débrouille. Mais heureusement il y a aussi des gens ouverts et accueillants qui, non seulement nous aménagent un espace, mais s'intéressent à ce que l'on vit et à ce que l'on fait. Certains témoignent alors que l'un des propriétaires, réticent dans un premier temps pour les accepter, était en larmes, quelques mois plus tard, au moment de la séparation… ou cet autre qui téléphone tous les vendredis à la famille d'un de ses anciens propriétaires.*

(…)

Propos recueillis et « condensés » par Claude B.

L'archevêque de Clermont-Ferrand en visite sur le chantier

C'est aussi dans ce bungalow de Denis, que par la suite nous avions accueilli l'évêque de Clermont : Mgr H. Simon. Avec toujours cette vieille idée : je ne suis pas là à mon compte et il est important que le responsable du diocèse vienne voir et signifie la proximité de l'Église auprès des travailleurs venus de toutes les régions de France. C'était donc l'occasion de faire connaissance et, pourquoi pas, de manger une choucroute ensemble avec les copains du chantier. La choucroute fut préparée par un des copains de Denis. On l'appelait « Ferraille ».

La veille, Roland me demanda : « Comment faut-il appeler l'évêque ? Moi, je ne suis pas croyant, je ne vais pas l'appeler "monseigneur". Crois-tu que je peux l'appeler par son prénom ? » « Ben peut-être pas tout de suite, lui répondis-je, essaie de l'appeler "Monsieur" ou "Père évêque". »

Le lendemain, on était une quinzaine dans le bungalow. Après les présentations, on décida de passer aux choses sérieuses. D'abord l'apéro puis la choucroute !, ainsi que des conversations plus sérieuses sur des questions communes comme : qui êtes-vous ? Les copains appelaient l'évêque par son prénom, Hyppolite, preuve qu'ils étaient à l'aise. On prit des photos (l'évêque aussi !) Au printemps suivant, l'évêque était revenu pour rencontrer les responsables du chantier et visiter sur le terrain le travail des hommes et des gros engins.

Quelque temps plus tard, je fis connaissance à Saint-Étienne de Frank et Clémence Bettendorf qui s'occupaient des gens du voyage. Lui était professeur itinérant avec une camionnette pour les jeunes en âge scolaire. Ce fut pour moi l'occasion de discuter et de rencontrer quelques familles manouches. Une rencontre prémonitoire ! Pour ma retraite je pensais garder des contacts avec ce monde du voyage qui m'attirait.

Juillet. Pendant les quelques jours de congés, j'avais profité avec Siméon et Jean-Baptiste M. de Grenoble pour visiter Vulcania et les volcans voisins à ciel ouvert.

Chienne d'histoire...

Quinze jours plus tard, je fis connaissance d'un géomètre breton qui vérifiait la conformité du chantier aux plans. Il était seul, et n'avait pas de porte-mire pour l'aider. Il avait par contre une lunette de visée sophistiquée (théodolite), fonctionnant par GPS, qui suivait par rotation le déplacement de sa mire. Lui-même avait sur le dos une antenne et sur le ventre un clavier qui lui permettait d'enregistrer les données de sa lunette. J'avais aussi remarqué qu'il était souvent accompagné de son chien. Ce qui n'était pas banal ! De deux choses l'une : ou celui-ci était aveugle mais on l'aurait su !, ou le chien avait une autre utilité que celle de simple compagnon.

Un jour je le rencontrai au restaurant, sans son chien ; on pouvait donc parler tranquillement ! Naturellement on parla un peu boulot. Je lui parlai de sa lunette étonnante. Effectivement me dit-il : « C'est une lunette qui coûte très cher, pas loin de 30.000 €. Mais l'avantage ou l'inconvénient c'est qu'elle supprime le salaire d'un porte-mire et ainsi j'ai deux fois plus de travail. » Dans le même ordre d'idée, je lui faisais aussi remarquer la similitude du progrès sur les nouveaux engins. Auparavant sur certains engins, il fallait des chauffeurs expérimentés pour effectuer des réglages précis ; maintenant les systèmes électroniques avec laser fonctionnant avec le GPS indiquent aux conducteurs la position des lames ou des godets au centimètre près pour le réglage. Ces systèmes coûteux permettent d'embaucher des chauffeurs ayant moins d'expérience, et donc moins bien payés. J'ai vu des jeunes, avec très peu d'expérience, se débrouiller très bien sur ces machines, avec un salaire à peine plus élevé que le smig. Avant il fallait des années de pratiques pour faire un bon niveleur, mais le salaire suivait.

Le géomètre qui opinait du chef reprit la conversation et me dit : « C'est vrai, moi aussi je suis maintenant obligé de planter les piquets de niveau, mais j'ai appris mon chien à me les apporter et à les distribuer là où il faut ! »

Ainsi donc j'avais la réponse sur l'utilité de ce chien devenu par la suite la mascotte du chantier. Morale de l'histoire, malgré notre économie libérale mais sauvage, le chien restera toujours le meilleur compagnon de l'homme, quoique lui aussi, exploité sans le savoir !

11 août, décès d'Hector à Cambrai. Le choc ! Il fut enterré à Hérin près de sa famille. Je n'avais pas pu aller à son enterrement.

18 décembre, autre décès, celui de René Caclin, le fondateur de notre équipe BTP. Il fut enterré dans l'Est de la France à Xonrupt.

Un nouveau ministère…

Début décembre, l'entreprise me demanda de faire un stage de tutorat pour accueillir les jeunes embauchés sur le chantier, les accompagner pendant un moment, les habituer avec leurs engins et aussi faciliter leur intégration dans une équipe de travail. Le stage était animé par un intermittent du spectacle. Je me rappelle du premier jour, il était là, debout, flambant neuf, avec un costard et une superbe cravate jaune. Mais sa pédagogie s'est vite révélée inadaptée pour des gars du BTP.

Devant un brouhaha de plus en plus envahissant, au nom du groupe, je m'étais permis d'intervenir en expliquant à l'animateur qu'il serait bon qu'il nous écoute d'abord pour situer nos difficultés et les problèmes rencontrés.

Le lendemain, la leçon semblait avoir porté ses fruits ; déjà il n'était plus en costard, ni en cravate (détail). Les matinées se passaient en débats selon les thèmes prévus où chacun exposait et apportait des solutions aux problèmes, notre animateur devint vite plus sympathique, il prenait des notes, posait des questions et intervenait lorsqu'on lui posait des questions !

Stage un peu surréaliste, mais à la fin je pense que chacun était satisfait, tous nous avions appris quelque chose, parce que chacun écoutait l'autre et se sentait concerné

Un compacteur : cellule de méditation

Qu'est ce qu'un compacteur ? Le compacteur est un engin sensible qui vibre à la moindre sollicitation pour tout écraser sur son passage *(définition que l'on ne trouvera nulle part ailleurs... que dans ce livre !)* Comme sur les derniers chantiers, j'étais régulièrement affecté sur un *V5* : gros compacteur vibrant de 19 t. Ayant acquis sans doute suffisamment d'expérience en la matière, mon rôle par la suite, avec mon stage de tuteur, fut de mettre en route des jeunes sur cet engin. Ce n'était pas superflu. Cet engin semblait facile à conduire et pourtant il était reconnu comme l'engin le plus dangereux du chantier.

Il demandait au chauffeur beaucoup de rigueur et d'attention. La qualité de son travail était très surveillée par un mouchard (contrôlographe) qui contrôlait en permanence la vitesse (entre 1 et 4 km/h), le temps de compactage et l'intensité des vibrations. Les couches terminées, une vérification était assurée par un géologue du terrain compacté avec une machine à ultrason.

Le travail se faisait en marche avant et marche arrière, exactement au même endroit, d'où l'importance de savoir utiliser les rétroviseurs, et cela sur un nombre de passes imposées (des allers-retours). Il n'était pas rare de compacter le sol sur des dizaines de passes sur toute la largeur des déblais, par tronçon de 50 à 100 mètres et par couches successives (en général) de 40 cm, et cela sur des hauteurs de plusieurs dizaines de mètres.

C'était donc un engin peu prisé par les chauffeurs, engendrant souvent le sommeil, par les vibrations et la monotonie du travail. Un engin dangereux, surtout lorsqu'il fallait compacter au bord des talus, au rétroviseur, en marche arrière et en poste la nuit : si on ne faisait pas attention, les vibrations du cylindre entraînaient le compacteur en bas du talus, avec en prime le retournement de l'engin et un chauffeur mal en point !

Paradoxalement, cet engin était affecté souvent aux nouveaux arrivants sans expérience, pour qu'ils aient le temps de voir le chantier (*sic* !) ou aux mauvais chauffeurs, ou aux syndicalistes souvent absents du chantier (ce n'était pourtant pas mon cas !), ou aux vieux gars pas loin de la retraite. J'avais l'inconvénient de concentrer tous ces critères d'affectation ! Autre paradoxe, il était reconnu que ce travail était irremplaçable pour la qualité d'un chantier de terrassement, mais c'était un travail austère, presque d'ermite, demandant de la concentration à tous les instants, de jour comme de nuit, car nous travaillions souvent en poste depuis les 35h. Rendement oblige ! Et c'était l'engin le plus mal payé !

Après une journée de compactage, j'avais du mal à me lever du siège et à sortir de mon engin. J'avais les muscles tétanisés. Il fallait bien dix bonnes minutes pour retrouver un semblant de souplesse musculaire. Je ne fus donc pas étonné avant de quitter le chantier, tout courbé, d'entendre les jeunes me dire : « Salut papy, à demain ! »

De fait, après le boulot, j'allais directement à la douche du chantier, et c'est vrai, lorsqu'il y avait encore de l'eau tiède, cette eau était une vraie thérapie ; avec elle, partait la poussière et les miasmes du chantier, le corps récupérait la moitié de son énergie. Et lorsqu'il n'y avait pas trop de monde et qu'on n'y faisait pas la queue, je pensais encore et toujours à cette piscine de Siloé décrite dans l'évangile ou encore à celle de « Bezatha ». « Elle possédait cinq portiques », nous dit l'évangile de Jean[27], *« ... sous lesquels gisait une foule de malades, d'aveugles, boiteux, impotents ; la tradition disait que lorsque l'ange du Seigneur descendait dans la piscine, l'eau s'agitait, et le premier qui y rentrait était guéri quelle que fût sa maladie. »*

Dans le bungalow des douches du chantier il y avait aussi parfois du monde, et pas uniquement des grabataires, et il suffisait que l'eau soit encore chaude ou tiède pour nous retrouver en meilleure forme ! C'était parfois, aussi, l'occasion de revoir la journée avec les autres.

Il n'y avait pas que dans les douches que je louais le Seigneur, parfois aussi dans mon compacteur, surtout lorsque j'étais de poste

27. Jean, 5, 1 s. ; Jean 9, 7 s.

de nuit et qu'approchait l'aurore. Le ciel commençait à s'éclaircir à l'horizon, les étoiles partaient les unes après les autres, elles me laissaient seul, c'était souvent un moment pénible à vivre, il fallait lutter contre le sommeil, la température baissait, je fermais les vitres, quelques oiseaux se réveillaient alors et commençaient à voler et à piailler. Comme d'habitude, le sommeil commençait à m'envahir, péniblement j'essayais de me tenir éveillé en priant, quelques bribes de psaume arrivaient à ma mémoire :

Des profondeurs je crie vers toi
Seigneur, sois attentif au cri de ma prière,
mon âme attend plus sûrement le Seigneur
qu'un veilleur n'attend l'aurore.

Je répétais cette phrase comme un mantra bouddhiste : *mon âme attend le Seigneur comme un veilleur attend l'aurore.* Autant de fois qu'il le fallait pour me tenir éveillé. Il m'était difficile d'arrêter ce satané compacteur, le mouchard était là et me surveillait chaque seconde. J'étais physiquement ce veilleur qui attendait le jour et la chaleur du soleil avec impatience.

Lorsqu'un jour, ou plutôt en fin de nuit, à la même heure, peut-être à cause du froid, un gars me fit signe dans les phares, c'était un manœuvre, il n'avait plus grand-chose à faire et me demanda s'il pouvait venir dans la cabine. C'était formellement interdit par le règlement, mais comme il faisait encore sombre j'acquiesçai, cela aurait au moins le mérite de me tenir éveillé.

À peine installé, il commença à me questionner :

- Alors il paraît que tu es curé ?

Prêt à tout, sauf à sa question, je me disais : « Merde, je suis tombé sur un chieur ! »

- Comment tu sais ça ?

- C'est les copains qui me l'ont dit. Alors tu crois en Dieu ?

Rien que pour le provoquer je lui répondis :

- Non pas encore !

- Allez ! tu rigoles curé !

- Non, cela dépend des jours ; et toi tu y crois ?

- Et oui, je ne suis pas comme toi !

Voyant que j'avais à faire à un connaisseur je lui demandais :

- Explique-moi ? Est-ce que tu l'as déjà vu pour y croire ?

- Non, bien sûr, mais j'ai mieux. Écoute voir, curé : en réalité, j'y crois parce que j'en avais besoin, disons qu'il est apparu parce que je l'ai désiré comme si je l'avais enfanté, il existe donc puisque je l'ai créé et que parfois il me ressemble !

- Mais c'est dangereux un tel dieu ?

- Tu ne peux pas comprendre curé ; Est-ce que tu es marié ? - Bien sûr que non !

- As-tu des enfants ? - Bien sûr que non !

- Alors ce sera difficile pour te faire comprendre. Tu vois j'ai fait (créé) trois enfants qui m'ont été donnés par ma femme mais je crois y avoir contribué. Leur naissance a changé ma vie. Je leur ai transmis certaines valeurs humaines auxquelles je crois, et je leur donne ce que j'ai de meilleur, mais bien que ces enfants me ressemblent, ils sont différents de moi, ils m'ont transformé eux aussi. Dernièrement l'aîné des garçons s'est marié. Avec son métier, il est devenu complètement indépendant. Régulièrement accompagné de sa femme, il revient gratuitement me voir et on discute de choses et d'autres.

Tu vois, avec Dieu c'est un peu pareil, j'ai découvert Dieu, en le mettant au monde ; parce que j'y ai cru, il a pris forme peu à peu dans ma vie à travers mon expérience et celle de mon éducation chrétienne, et il m'a aussi transformé, tout comme le fait d'avoir mis au monde mes enfants, eux aussi existent et ils m'ont envahi, j'ai eu confiance en eux, et ils m'ont transformé, je leur ai donné les moyens d'être libre, et cela n'a pas toujours été facile, mais maintenant je les laisse faire et ils peuvent exister sans moi. Ce qui m'intéresse en eux ce n'est pas leur passé que je connais mais leur avenir qu'ils vont créer, et lorsqu'ils deviendront à leur tour des parents, ils seront aux yeux de leurs enfants, sans doute comme Dieu, à leur tour, fort et fragile ! Je suis bien obligé d'y croire, puisque je les ai faits, j'ai contribué à leur naissance ! et mes enfants m'ont transformé. Qu'en penses-tu curé ?

- Interloqué, je lui demandais : mais d'où tu sors cela pour me parler ainsi ?

- Il me dit en se marrant : Tu vois, je sors du bas de ton compacteur, maintenant le soleil est assez haut, j'ai encore un peu de boulot avant la fin du poste, je te laisse.

Salut camarade !

Je l'ai vu dévaler en bas du talus, ramasser une pelle et partir un peu plus loin. Je ne l'ai plus jamais revu. Peut-être que j'avais rêvé ? Peut-être était-ce un intérimaire ?

Sa métaphore m'avait bien plu et tenu éveillé. Moi aussi je pensais l'avoir créé à travers mon histoire presque à mon image, bien qu'il m'ait été donné par d'autres ; il m'avait aussi transformé, mais par contre je ne voyais pas ma descendance. Peut-être faudra-t-il attendre 90 ans[28] comme Abraham, pour être père et grand-père à mon tour, d'une multitude !

En attendant mes 90 ans, conduire cet engin subtil devenait source d'inspiration. Mais pendant l'été, l'engin se transformait en four micro-ondes à roulettes. Vitres et portes ouvertes ne suffisaient pas à créer un courant d'air rafraîchissant… Aussi, en cet été de canicule, je décidai d'écrire au responsable de la mécanique auquel

28. Genèse, 17, 1-9.

incombait l'achat des engins, avec copie au président directeur général, au DRH et au directeur des grands chantiers Sud.

Monsieur,

Ayant appris votre visite sur le chantier A 89, ainsi que vos questions à propos des vitres cassées et porte(s) pliée(s) sur certains compacteurs, et sans préjuger des réponses qui vous ont été apportées, j'aimerais à ce propos émettre quelques avis.

(...)

Pour éviter que la conduite de ces engins s'apparente à une punition et à une torture, sachant par ailleurs que ces engins de finition ont toute leur place sur les chantiers, ne pourrait-on pas envisager, comme cela se trouve sur presque tous les autres engins, l'installation d'une climatisation ? Outre des conditions de travail normales en période d'été, cette climatisation permettra l'hiver de ne plus avoir de buée à l'intérieur de l'habitacle, d'avoir des cabines à peu près propres, sans poussière toute l'année, d'économiser sur les remplacements de vitres cassées et autres portes pliées.

Espérant que vous trouverez rapidement une solution à ce problème, je vous prie de croire, monsieur X... à l'expression de mes sentiments les meilleurs.

À la réunion suivante du CE, on me dit que le problème était pris au sérieux depuis un moment mais que les systèmes de climatisation sur ces engins étaient chers et pas au point (panne fréquente à cause de la poussière des chantiers). Néanmoins, quelques compacteurs climatisés firent leur apparition sur les chantiers. Je n'en fus pas l'heureux bénéficiaire tout de suite. Pourtant, en novembre j'eus l'occasion de pouvoir conduire un compacteur avec la climatisation, mais à 600 mètres d'altitude, je n'avais pas eu souvent l'occasion d'en profiter. Comble de malchance, un matin, alors qu'il faisait froid, impossible de mettre en route le chauffage ! Bon ! le problème fut vite réglé, et sans envoyer de courrier !

Conduire un compacteur, ce fut un vrai sacerdoce !, comme me disait déjà mon ami Roland en Vendée.

Année 2004

37

Triste anniversaire

Cette année-là, nous avions été mis en intempérie pratiquement tout le mois de janvier. À Manzat, le thermomètre flirtait avec les moins 15° régulièrement. Il fallait être là tous les lundis, et on se faisait renvoyer chez nous en milieu de semaine le mercredi ou le jeudi.

2004, c'était aussi l'anniversaire de l'interdiction des prêtres ouvriers par Rome. À ce propos, j'étais agréablement surpris de l'importante couverture médiatique dans la presse chrétienne. J'eus donc à cette occasion quelques demandes de témoignage. Au mois de mars, je fus interviewé par des journalistes d'A2 venus trois jours en fin de semaine pour un reportage de 3 minutes diffusé au journal de 20 h.

Je fus interviewé aussi pour le journal du diocèse de Clermont autour de quelques questions : Comment vivez-vous votre quotidien ? Quels regards ont sur vous vos collègues de travail ? De quelles questions faites-vous particulièrement l'objet ? Comment prolongez-vous le dialogue ?

(...)

Commentaire de la déclaration du 50e anniversaire de « l'arrêt des prêtres ouvriers » par Rome ?

J'apprécie que l'Église ait tenu à faire une déclaration sur cet anniversaire, bien relayée par la Mission de France et la Mission Ouvrière, bien relayée aussi par la plupart des médias nationaux. Je constate aussi l'effort de ces derniers pour retrouver les anciens PO et ceux qui vivent encore de cette intuition. Pourtant, une question demeure : l'Église, dans ses séminaires, permet-elle encore à de telles vocations de s'épanouir ? A-t-elle encore ce souci dans sa formation de susciter des vocations de plein vent, de compagnonnage à travers la précarité du travail ? Je pense que c'est à travers la diversité des ministères (proche des sans-voix) que le témoignage évangélique de l'Église est le mieux perçu par l'ensemble de l'humanité, tout en respectant les cultures, les traditions qui font l'histoire des peuples. N'oublions pas qu'un Dieu s'est incarné dans la diversité des cultures et que tous les jours pour l'Église c'est Pentecôte.

Je publie des extraits d'une autre interview parue dans le *Courrier* des prêtres ouvriers, par Michel Rager :

Michel Rager : En Juin 99, tu écrivais : « Cette tranche d'histoire peut-elle encore intéresser quelqu'un ? »

JMV *: Les choses ont tellement changé, les jeunes ont d'autres centres d'intérêt. Et pourtant j'aime relire ce qu'écrit l'un d'eux, prêtre en 1996 : « Je suis toujours marqué par la figure du ministère du prêtre ouvrier, avec sa dimension d'enfouissement et de nomadisme plus que de leadership syndical, avec l'idéal de me faire compagnon de personnes bien loin de mon itinéraire social, culturel, ecclésial… Laisser ma foi et la foi de l'Église être travaillées par cette réalité de l'incroyance dans ses différents aspects »…*

(…)

MR : Parmi ces traces, la foi demeure.

JMV *: Foi en Jésus-Christ ? (…) « Chaque fois qu'un peu de vérité se fait, il y a quelque chose de Jésus-Christ. » Voilà ce qui fait pour moi le lien entre ma foi et mon lieu de travail : chaque fois que se manifeste un peu d'amour, de pardon, de justice, de respect ; tout ce qui fait notre humanité en devenir, j'y trouve un parfum d'évangile et quelque chose de Jésus-Christ.*

MR : Ce chemin peut-il être collectif, balisé, institutionnalisé ?

***JMV**: Personnellement je ne le pense pas. Si le ministère PO s'inscrit dans la veine prophétique, toujours un peu décalé par rapport à l'institution, et même par rapport au monde ouvrier, les chemins que nous créons ne peuvent qu'être fragiles, dérangeants, instables ; les balises qui nous ont été offertes sur ces nouveaux chemins ont souvent été cherchées dans la relecture des évangiles, confrontée sans arrêt à l'événement. Les traces ou les réponses que nous laissons sont souvent récupérées, banalisées pour la propre survie de l'institution, alors qu'elles devraient être chantées et glorifiées, comme saint Paul savait l'écrire aux Corinthiens : « En Lui vous avez été comblés de toutes les richesses qui concernent la parole et la connaissance… Il nous a aussi rendus capables d'être ministres d'une nouvelle alliance, non de la lettre mais de l'Esprit » (1 Cor. 1, 5 ; 2 Cor. 3, 6).*

(…)

Le 2 mars 2004, je fus interviewé par Henri Tinck pour le journal *Le Monde*. Je cite la conclusion de l'article :

Aujourd'hui ; après la réhabilitation…

La séduction par le marxisme de toute l'aile chrétienne progressiste dans les années 1950 a été en grande partie la raison de l'interdiction des prêtres ouvriers il y a cinquante ans. Les prêtres ouvriers d'aujourd'hui n'ignorent pas les excès commis autrefois, mais le marxisme n'a pas été pour rien dans leur engagement. « Il nous a fait mieux comprendre, conclut Jean-Michel Verstraete, que la résurrection du Christ, elle n'est pas dans les airs. Elle est déjà là, dans le réel. Comme une force de réconciliation, d'amour et de pardon. La force du christianisme est d'affirmer que l'homme reste debout. »

Henri Tincq

À Strasbourg, cette interview n'était pas tombée dans l'oreille d'un sourd ! Voilà ce qu'on pouvait lire dans un éditorial de Michel Wackenheim dans la revue *Signe* à Pentecôte 2004.

Un homme pèlerin

Le 1er mars 1954, Rome interdisait les prêtres ouvriers. En 1965, il y a quarante ans, Rome à nouveau les autorisait sous conditions. Après avoir été plus de 800 en 1980, les prêtres ouvriers en activité ne sont plus aujourd'hui qu'une petite centaine. Parmi eux, Jean-Michel Verstraete, 57 ans, conducteur d'engins de chantier, syndiqué CGT, délégué du personnel. Il gagne 8 euros de l'heure et ses journées sont plus que rudes : « Le soir, a-t-il déclaré dans un reportage du quotidien Le Monde, j'ai les muscles tétanisés par les vibrations de la machine. C'est un métier de bagnard. On travaille, on mange, on boit un coup, on dort. Si je n'avais pas la reconnaissance des copains, ma vie serait impossible. »

Comment un homme de cette trempe voit-il la liturgie de l'Église ? Pour lui, c'est dans les luttes sociales que l'Église doit s'impliquer. Pas question de se replier sur les églises et les célébrations : « Le Dieu auquel je crois se manifeste dans l'errance, dans l'itinérance, dans la précarité. Construire des temples et des autels, c'est s'arrêter, sédentariser Dieu et son peuple. Ce n'est pas mon truc. »

Les mots sont durs, on a le droit, bien sûr, de ne pas être d'accord. Il reste que cette prise de position m'a fait réfléchir à nos liturgies dominicales. Faire entendre chaque dimanche le même ronron apaisant et lénifiant, n'est-ce pas, d'une certaine manière, sédentariser le Seigneur et son assemblée ?

Deux toutes petites questions. Au seuil de la célébration, quelqu'un (l'animateur ou le prêtre) prend-il la peine de s'adresser à l'assemblée en termes simples, directs, chaleureux en commençant peut-être, pourquoi pas, par déplorer le mauvais temps ou par se réjouir qu'il fasse beau ? Et au terme de la célébration, plutôt que de « faire les annonces », quelqu'un donnera-t-il des nouvelles de la vie de la communauté, de ce qu'elle a déjà en chantier, de ce qu'elle aimerait bien entreprendre ?

« La résurrection du Christ, dit encore Jean-Michel Verstraete, elle n'est pas dans les airs. Elle est déjà là, dans le réel. Comme une force de réconciliation, d'amour et de pardon. La force du christianisme est d'affirmer que l'homme reste debout. » Et qu'il est un pèlerin.

Michel Wackenheim

Je cite un texte faisant suite à une réflexion que nous avions eue pour la préparation de notre session MDF prêtres salariés à Pontigny, sur le thème : *Faire eucharistie.*

Il y a presque 3 ans de cela, à l'occasion du départ d'un prêtre sur Valence, j'entendais les chrétiens en responsabilité paroissiale dire leur crainte de ne plus avoir « suffisamment » de messes le dimanche, par manque de prêtres. Accessoirement, poussé par je ne sais quel destin, il m'arrive aujourd'hui de fréquenter des chrétiens du dimanche qui me posent toujours cette question : Mais monsieur l'abbé vous dites alors « votre » messe dans la caravane ?

Récemment, des journalistes de l'A 2 sont venus me contacter pour le journal de 20 h à propos de l'anniversaire de l'arrêt des PO en 54 et avoir le témoignage de l'un de ces prêtres aujourd'hui. Ce fut l'occasion pour moi de revisiter l'événement que je n'avais pas vécu, mais il me semblait important de signifier aux communautés de chrétiens que la vie du prêtre ouvrier est, entre autre, une parabole.

Elle dit sans discours la proximité de Dieu dans la vie professionnelle des gens. Cette parabole a toujours été significative depuis soixante ans pour le peuple des pauvres, pas toujours pour les dominants. C'est ainsi qu'en 1954, l'interdiction des prêtres ouvriers fut pour ces derniers un passage douloureux par la Croix, mais il a paradoxalement authentifié notre ministère auprès du peuple ouvrier.

Le ministère de prêtre ouvrier est le ministère d'un parti pris, celui de l'Évangile. Cela a entraîné parfois des outrances et du désordre dans le système établi, dans l'entreprise comme dans l'Église. Lorsqu'elles sont justes, ces outrances, je les revendique.

Je me rappelle l'insistance du journaliste : « Nous aimerions vous prendre en train de dire la messe. » Et fabuleux destin, une messe avait été programmée depuis quelques mois ce dimanche-là à Manzat pour concélébrer avec le prêtre de la paroisse.

Prêtre, suis-je l'homme de l'eucharistie ?

Il est vrai que la question posée de cette façon n'est pas facile ; je pensais qu'elle évoluerait avec la pénurie du clergé, force est de constater qu'en terre chrétienne elle n'a pas beaucoup évolué. Au contraire !

Je dis souvent lorsqu'on me demande pourquoi je suis prêtre, qu'au séminaire je savais ce que je ne voulais pas être, qu'au moment de mon ordination je ne savais plus si c'était possible, mais qu'à 58 ans je ne regrette pas de l'avoir été et d'y être encore !

(...) Pour moi le prêtre est avant tout un homme de prière, un homme en communication intérieure et extérieure.

L'eucharistie est un magnifique aide-mémoire, un pourvoyeur de sens, une célébration du déjà là, une sorte de catéchèse qui me rappelle à l'essentiel, à notre vocation, partager, rassembler, non pas pour se fixer mais pour aller vers, créer du lien, rechercher l'autre dans sa vérité, rechercher cette présence du Dieu incarné dans notre humanité, en particulier dans ce qu'elle a de plus fragile... un peu de pain

(...) Lorsque l'assemblée existe, et si certains d'entre nous, de par leur situation pastorale, ont ce service de la convoquer, de faire mémoire et de la renvoyer transformée, c'est bien. Mais ce n'est, hélas, pas mon cas.

(...) La prière, comme dialogue intérieur, est essentielle sous toutes ses formes, c'est elle qui me fait vivre, elle qui me rend nomade, humble aussi pour savoir dire merci, c'est la nourriture fondamentale pour toute action ; l'eucharistie, si je peux me permettre cette comparaison, reste pour moi la cerise sur le gâteau, si le gâteau (la pâte humaine en devenir) n'existe pas, alors la cerise n'a plus de sens ! Je préfère alors être l'homme qui prépare le gâteau même sans la cerise que d'être celui qui est le gardien d'une cerise sans gâteau !

J.-M. V.

Les élections

5 juin, nous avions de nouveau les élections aux CE et DP qui furent remportées haut la main pour la CGT. Une fois les élections passées, peu d'actions, comme d'habitude ! J'avais bien une fonction de mandat et de délégation, mais je n'avais pas de moyen pour entretenir un rapport de force, aucun poids pour faire avancer les revendications si ce n'est des menaces verbales bien vite éventées. Mises à part quelques actions au prud'homme grâce à l'UD (Union

Départementale) et UL (Union Locale) de Clermont, dynamiques et compétentes.

Par eux, nous avons pu distribuer quelques tracts et faire signer des pétitions, en particulier pour les retraites décentes. Le problème des retraites était une crainte profonde chez les travailleurs de tout bord. Je n'ai eu aucun mal à les faire signer ainsi que par les quelques camarades de la CGT sur d'autres chantiers.

Fin juin, 25 ans d'ordination. Je remontai dans le Nord pour fêter mon jubilé avec Paul Watenne qui avait 50 ans d'ordination. Je fus invité par l'évêque de mon ancien diocèse de Cambrai à fêter cela avec tous les collègues prêtres du diocèse, à Raismes. Un petit clin d'œil du père Garnier, rencontré au préalable en Vendée, bien apprécié. Il me rappela sa visite du chantier, « comme si c'était hier » !

En juillet, je pris quinze jours de congés. Je descendis la rivière de l'Ardèche en canoë avec Siméon et Pierre Marijon.

Puis, retour au chantier ; c'était bientôt la fin, on parle de transfert.

Songe d'été sur un parking de l'A 75

24 août, transfert sur le chantier de la RN 88 : la nationale qui va d'Albi à Rodez sur la déviation de Carmaux. La route est longue, je roulai prudemment avec une caravane bien chargée. Il faisait chaud. 100 km plus tard, je fus pris tout à coup de sommeil et me garai sur la première aire de repos. Je fus alors envahi par un profond sommeil. Et je crus voir dans le ciel une femme très grande qui cachait le soleil. Elle avait pour manteau la lune, elle s'avançait doucement sur un nuage vers un groupe de jeunes hommes vêtus de gris et de noir, un col à l'italienne (romain ?) autour du cou.

Elle montrait à bout de bras un livre rouge énorme dont le titre flamboyant en lettres dorées annonçait *Une nouvelle radicalité missionnaire !* Elle était entourée par quatre vieillards, habillés de jaune, tenant d'une main un cierge à la flamme vacillante et de l'autre un encensoir ; une fumée acre en sortait, les enveloppant dans un épais brouillard.

M'approchant du dernier d'entre eux que j'avais cru reconnaître, étant plus jeune, au cours d'une manif…, je lui demandai ce qu'il y avait dans ce grand livre et il me dit : c'est une grande photographie de la MDF, avec son passé, son présent et son avenir.

Bêtement je lui demandais :

- Ah, bien ! alors j'espère que je suis sur la photo ?

- Tu sais, me dit-il, il y a déjà beaucoup de monde, plus de 600 personnes ! Et d'abord comment t'appelles-tu ?

- Je ne me rappelle plus mais je crois que mon nom voulait dire Delarue.

- Et tu travaillais où ?

- Dans les travaux publics.

- Mais tu habitais où ?

- En caravane… sur les chantiers !

- Et ben mon gars nous n'avons pas entendu parler de ça.

- Merde…? Mais quand même l'équipe des prêtres envoyés dans les Travaux publics ?

- Pas entendu parler, nous n'avons pas de ça, même sur le négatif de la pellicule,

- Et l'équipe des routiers ? Celle de l'hôtellerie ? La Marine ?

- Non plus ! Mais je te rassure, on avait un petit objectif, faute de moyens nous n'avions pas de grand-angle pour les prises de vue, ainsi, tout ce qui bougeait ou était en marge de l'appareil n'a pas été saisi par la pellicule.

Le cortège s'arrêta devant une grande estrade sur laquelle étaient assis de nombreux cardinaux et évêques. Derrière eux, toute l'Église était rassemblée.

Devant la foule de plus de 5000 personnes en liesse qui criaient *Alléluia ! Alléluia !*, la femme en noir et blanc se mit à gravir lentement les marches du podium. Mais au fur et à mesure qu'elle montait, son grand-livre rouge prenait de moins en moins d'importance. Arrivée tout en haut, le livre avait presque atteint la taille d'un petit agenda.

Parmi la foule qui faisait alors silence, il y avait toujours quatre aveugles qui brandissaient leur cane blanche et continuaient de l'acclamer en se disant : « *Quelle belle trajectoire ! Quelle belle trajectoire !* » Pourtant, en bas, malgré la fumée des encensoirs, je distinguai, sur le côté, un petit groupe de douze personnes, tous des borgnes, manifestement pas d'accord et qui marmonnaient entre eux.

Je m'approchai, lorsque l'un d'eux prit la parole :

Dans une ferme, lorsqu'un ouvrier agricole a labouré ou gardé le troupeau, et qu'il revient des champs, lequel des patrons fermiers lui dira : « Allons, viens te reposer ! »

Il lui dira sûrement : « Prépare-moi à dîner. Boucle ta ceinture et sers-moi, que je puisse manger et boire, ensuite tu mangeras et tu boiras. » Et quand il aura fait ce qu'on lui a commandé, qui des fermiers lui en saura gré ?

Cela vaut pour vous : lorsque vous aurez fait tout ce qui vous a été commandé, dites : Nous sommes des serviteurs quelconques et inutiles ; nous avons fait ce que nous devions faire[29]. »

Je n'eus pas le temps d'entendre la réaction des borgnes ; mon rêve s'acheva dans un épais nuage de fumée ! C'était un semi-remorque de 42 tonnes, stationné à côté de la voiture et qui redémarrait plein pot. Et comme mes vitres étaient baissées, ce n'était plus de l'encens que je respirais mais du mazout vaporisé.

29. Inspiré de Luc 17, 5-10.

Reprenant la route à mon tour, je fus un peu choqué de ce rêve. Je devais être bien fatigué pour avoir imaginé cela. Je ne croyais pas aux rêves prémonitoires, et ce n'était pas encore un cauchemar.

Peut-être que mes neurones fatigués avaient mélangé leurs pinceaux et m'avaient offert un spectacle baroque, surréaliste et tout à fait impressionnant.

Le chantier du contournement de Carmaux

J'arrivai non loin du chantier et m'arrêtai à Tallus. Grâce aux relations de Gérard Baudière, prêtre ouvrier charpentier, je retrouvai un emplacement chez la famille Causse.

Sitôt installé, je fus ennuyé par de gros problèmes électriques : le disjoncteur de la caravane sautait tout le temps. Au bout d'une semaine, je trouvai enfin l'origine de la panne. Avec les nouvelles normes de sécurité, les phases de ma prise électrique ne correspondaient pas à celles de la maison. Il avait fallu intervertir les fils dans la prise. Un peu trop long pour expliquer ici !

Le lendemain j'étais en poste du matin avec quelques vieux copains que je retrouvais, dont Ben Amar de Caussade. On se donna des nouvelles des uns et des autres. La première journée fut longue. De plus, avec la longueur du chantier, je n'étais pas sorti par le même endroit que le matin, et ne retrouvais plus l'emplacement de ma caravane. Il faisait nuit, il était 23 h et j'avais oublié mon GPS. J'avais bien cru devoir passer la nuit dans ma voiture !

4 septembre, je me rendis à Bussy-Albieux pour le mariage de Michaël et Alexandra et le baptême d'Évan.

15 septembre, j'étais allé voir Claude Bogaert de Manzat à Albi.

1er octobre, je visitai la famille Bédé à Caussade.

Le lendemain, j'étais parti directement à Marseille pour l'ordination de H. Védrine, un jeune de la MDF.

6 novembre, week-end à Carmaux, en réunion avec les prêtres ouvriers de la région. La veille, je profitai d'un temps de répit pour répondre à un courrier, reçu d'un bon copain prêtre de la Creuse, Arnaud, ancien collègue de travail, reconverti en chauffeur de car. Il m'avait écrit ceci :

Une petite scène contemplée ce matin

Dans ma tournée de transports scolaires, j'ai aperçu un joli mélodrame animal. Son petit ânon sous l'encolure, une ânesse défendait avec vigueur l'approche d'un étalon, qui en voulait peut-être au «fiston». Dos tourné à l'agresseur le coup de pied de l'ânesse ruait dans le vide.

Dos tourné... Je me demande parfois si ce monde rural ne rue pas dos tourné à l'avenir, ayant peut-être peur de l'aborder en face. Mais tous ne sont pas comme ça, et savent par les innovations, la patience et la persévérance l'aborder en face.

Fraternellement.

Arnaud

Avec humour, je lui répondis ceci :

Salut Arnaud ;

Tu sais que j'adore les paraboles et je me permets de continuer la tienne sur l'ânesse de la Creuse, désormais aussi connue que l'ânesse de Balaam. En voici, je pense, la suite.

Mais un jour, de guerre lasse, sachant qu'il n'était pas séant de refuser son derrière à l'avenir, elle se laissa approcher par l'étalon ravi.

Puis, quelques mois plus tard elle mit bas. Son nouveau rejeton lui ressemblait mais sans être vraiment de sa famille, il ressemblait aussi un peu à son père, mais il était moins fort que lui. Et lorsqu'il se promenait dans le troupeau de sa belle famille il était plus petit que les autres et courait moins vite ; il était entre les deux.

Quant à l'ânesse, elle ne se plaignait pas, elle était bien entourée. Le propriétaire éleveur reconnu aussi le rejeton et lui donna son nom : Mulet.

Ayant rapidement atteint l'âge adulte, il travaillait maintenant dans les champs, sur des terrains bien balisés, car il n'avait pas la force du cheval ni la robustesse de l'âne et de plus il était stérile. Ainsi sa pauvre mère ayant cru investir dans un avenir prometteur avait simplement clos sa lignée.

À mon tour, recherchant une morale à cette histoire, inspirée par une retraite qui arrive à grand pas, je me demande si (...) notre institution, par soucis d'efficacité et de visibilité, croyant toujours investir dans l'avenir, n'a tout simplement pas perdu la rusticité et la hargne des bourricots en n'investissant plus sur les sols désertiques et rocailleux ?

Reçois, cher Arnaud toute mon amitié... de bourricot !

13 novembre, première réunion d'un nouveau réseau *Ministère et travail*, à Guilherand. Nous étions 5 prêtres salariés : un facteur, militant CFDT ; un chercheur en biologie au CNRS ; un ingénieur dans le retraitement des déchets ; un ouvrier vigneron ; et moi-même dans les TP. Pendant deux ou trois ans nous avons réfléchi sur ce que pouvait vouloir dire être prêtre au travail : quels signes fallait-il inventer et signifier dans ces milieux divers et incontournables dans la vie des hommes. Cela avait-il un rapport avec la mission ?

Année 2005

38

Solde de tout compte

10 janvier, retour de congés. Sur le chantier je pris le poste du matin à 5 h. Un peu brutal comme rentrée ! Au lever du jour à 8 h, on mit en route les engins dont certains toussaient, comme nous aussi ! Lorsque tout le monde fut « requinqué », on refit les pistes du chantier pour le poste suivant.

15 janvier, réunion à Toulouse avec les prêtres ouvriers de la région. Le 4 février, je demandai à la CRAM un relevé de carrière. Dans un an, j'avais soixante ans, et le DRH faisait de plus en plus pression pour que les vieux prennent leur retraite, même anticipée. Les vieux ! « ça travaille moins, ça coûte cher et ça n'est jamais content ! »

8 février, j'étais invité à déjeuner chez Denis Guiraud, à Albi, un vieux prêtre ouvrier en retraite, toujours militant à la CGT. À l'occasion, il avait aussi invité l'évêque, Pierre Marie Carré, Claude Depoil, un autre prêtre ouvrier en retraite qui avait travaillé dans l'aéronautique à Toulouse. Comme d'habitude je proposai à l'évêque l'éventualité d'une visite du chantier. Il me donna un accord de principe.

Négociations sur les salaires

21 février, je me rendis à une réunion syndicale à Saint-Étienne-du-Grès (près d'Arles) sur les augmentations de salaires pour l'année à venir. C'était l'époque ou le gouvernement parlait

d'augmenter sérieusement le smig en le mettant à 8 € de l'heure. Plus de la moitié des ouvriers était touchée par l'augmentation. Et que faire de l'autre moitié qui se ferait rattraper par le smig ? J'avais bien cru que mon patron allait rendre l'âme !

Par soucis de discrétion je ne parlerai pas des accords qui nous avaient été imposés. Beaucoup de promesses et des décisions qui avaient écœuré la plupart des salariés.

24 mars, j'étais de nouveau à Arles pour négocier la grille des salaires. Entre temps, RCF Lyon (Radio Chrétienne de France) m'avait demandé par téléphone si je voulais bien participer à une émission avec d'autres prêtres au ministère un peu original ce même jour. C'était le jeudi saint... la fête des prêtres ! Je leur donnai le numéro de téléphone (avec l'accord du DRH) de l'entreprise à Arles et m'excusai au cours de la réunion. Et pendant 5 minutes, je répondis aux questions à la suite d'un prêtre clown qui, lui, témoignait de sa foi en semant le rire et la joie dans les hôpitaux. Lorsque je revins, les délégués (heureusement) n'étaient toujours pas tombés d'accord sur les propositions patronales, et la réunion se termina sur presque rien.

31 mai. Nouvelle réunion. Le DRH me proposa à nouveau de prendre ma retraite à la fin de l'année. Il me manquait encore 2 ans pour prétendre à mes 160 trimestres. Plusieurs d'entre nous avaient dû subir ces propositions « alléchantes ». Ceux qui en avaient marre (et j'en étais) acceptèrent ; les copains qui avaient des dettes à éponger préférèrent continuer... et l'aubaine se transforma en catastrophe. En contradiction avec les slogans médiatisés : *Travailler plus pour gagner plus* ou *La retraite à 65 ans ou même à 70 ans.* Des retraites avec lesquelles on ne pouvait plus vivre ! Je connais aujourd'hui des compagnons de labeurs, perclus de rhumatisme ou d'arthrose, obligés de reprendre du travail en intérim pour arrondir leur fin de mois.

Visite de l'évêque d'Albi

3 août, nous avions la visite du chantier par l'évêque d'Albi, le père Pierre-Marie Carré. Marc Philip, le directeur du chantier, prit soin de l'accueillir avec les différents acteurs du chantier ainsi que le maître d'œuvre et le maître d'ouvrage, toujours invités. Toujours ce même étonnement devant ces énormes engins au travail, dans lesquels on ne voit plus les hommes aux commandes.

J'éprouvai toujours une certaine fierté à provoquer ce genre de rencontre avec l'évêque du lieu afin qu'il puisse s'émerveiller du travail que nous accomplissions et nous interroger sur sa complexité pour les mises en œuvre : l'intelligence et l'imagination déployées pour que l'ouvrage s'intègre dans le paysage ; les efforts développés pour respecter la nature : balisage des passages pour les grenouilles, création de petites marres de proximité, mise en place de bassins de décantation pour recueillir les eaux pluviales des autoroutes, etc. Le travail que nous faisions était un travail d'artistes, mais force était de constater que les exécutants n'étaient pas suffisamment reconnus pécuniairement.

11 août, nous décidâmes de voir le patron du chantier à 11 h : problèmes sur les fiches de salaires ; promesses d'augmentation non tenues. Celui-ci eut des explications peu convaincantes. Je téléphonai à la direction à Arles. J'obtins quelques promesses pour réviser certaines fiches de salaire en septembre, renégocier les indemnités de déplacement permettant de payer la location de l'emplacement des caravanes. L'après-midi tout le monde était au boulot ; les promesses font vivre !

Repas d'adieu et licenciement

15 septembre, après des mois de négociations, j'acceptai la mise en place d'un protocole d'accords pour mon licenciement préretraite fin octobre. Le 17 septembre, j'assistai à ma dernière réunion avec l'équipe des prêtres ouvriers du Tarn. Pour l'occasion, je les invitai à la caravane pour prendre l'apéro et le déjeuner. Il

faisait beau (heureusement !) Avec la complicité des propriétaires du terrain, j'installai les tables, nappes et couverts. Nous étions une bonne douzaine. Je fis appel à un traiteur des environs avec au menu : salade composée, cuisses de canard confites avec jardinière de légumes, fromage, et un mille-feuille. Après avoir bien mangé et bien bu, nous étions partis faire des photos de notre groupe sur le chantier… autour de mon compacteur, l'engin subtil et mystique qui écrase tout, au repos ce jour-là ! et aussi à côté de ma caravane… Avant qu'elle ne soit vendue !

10 octobre, j'arrivai sur le chantier et constatai que mon engin n'était plus là. j'appris qu'il avait été transféré à Toulouse ; le chef de chantier me dit qu'en fin de chantier certains compacteurs étaient en surnombre. « Tu retournes à la caravane en disponibilité », me dit-il. Le lendemain, je participai à une dernière réunion de CIHSCT, convoquée par le coordonateur de la sécurité et la DDE.

12 octobre, je quittai définitivement le chantier. J'en profitai pour passer le relais de mes mandats d'élu syndical aux différents suppléants. Je trouvai un acquéreur pour l'achat de ma caravane ; un gars du chantier prénommé Tintin qui me disait toujours : « Bonjour Monseigneur ! » J'ai conclu l'affaire en lui disant : ce n'est pas une cathédrale, mais tu verras on y est bien !

25 octobre, j'étais parti avec Roger, autre délégué CGT, à Saint-Étienne-du-Grés pour une dernière réunion de DP et CE. Le soir, petite fête : bouillabaisse à Châteaurenard !

30 octobre : cessation d'activité salariale officielle.

14 novembre, solde de tout compte… Heureux et en même temps triste ! Je décidai de faire une dernière tournée. Parti de Guilherand, je repartis à Caussade revoir les copains, puis à Albi. Je rendis visite à Denis, prêtre ouvrier à la retraite, toujours militant à la CGT, et à la famille Causse.

15 décembre je fus invité une dernière fois par le chantier au repas de fin d'année qui coïncidait aussi avec la fin du chantier. Ce fut la fin d'une histoire importante ! La fin même de mon ministère de prêtre ouvrier au travail, bien qu'il en restera toujours quelques traces, des solidarités… et quelques questions.

Conclusion

Où est ton Dieu ?

Dans le psaume 42, les Fils de Coré, de la famille sacerdotale des Lévites, privés de tout support visible pour le culte (chute du Temple de Jérusalem), ne soupirent pas seulement après les bénédictions perdues, mais après *Dieu* lui-même.

En guise de conclusion, je reprendrai un vieux papier toujours d'actualité en ce qui me concerne. Le 24 octobre 2004, la Mission de France me demanda d'écrire une note sur le thème de la foi. Je pense que ces mots rédigés à cette époque ont leur place comme point d'orgue à ce livre : est-ce que cette aventure qu'il m'a été donné de vivre comme prêtre ouvrier m'a fait découvrir quelque chose de Dieu ? N'y a-t-il pas une incitation à continuer la réflexion ?

Quelle est la foi qui m'habite aujourd'hui ?

Ce que je peux dire aujourd'hui c'est que j'essaie de confronter ma foi à l'intelligence de l'expérience, à la logique du bon sens, et à une pratique vérifiable. Face à une telle méthode, peut-on encore croire en Dieu ?

Je pars d'un principe : croire passe avant tout par l'Homme, à son devenir dans le respect de tous. Je constate souvent que tout essai d'interprétation sur Dieu n'est souvent que projection et aspiration à un au-delà et à un besoin d'Absolu de l'homme. Je ne parle jamais aussi bien de Dieu qu'à travers son absence, mon manque et mes doutes. Pourtant je crois qu'il m'a été permis de comprendre sa présence-absence à travers l'histoire mythique des grands fondateurs d'Israël : Abraham, Moïse et bien des prophètes, et par les disciples de Jésus de Nazareth, fondateurs du christianisme. La Vérité qui s'en dégage a pu être confrontée et réinterprétée par ma pérégrination dans le nomadisme des grands chantiers et le travail précaire, par le petit militantisme syndical de base pour le respect des travailleurs, et par ce ministère sacerdotal confié par l'Église pour promouvoir, annoncer, être témoin des valeurs évangéliques comme la paix, la justice, le pardon de la réconciliation.

Cette Vérité... peut-on l'appeler Dieu ? *Appeler en nommant, c'est déjà faire exister ! Mais face à l'expérience fondatrice du Buisson Ardent découvert par Moïse (Ex 3, 13-15), le Dieu qui se manifeste dans un « Je suis » me laisse dans l'incomplétude, tout comme Moïse qui meurt avant d'atteindre la Terre Promise.*

Certains grands hommes me sont Révélation de ce que pourrait inspirer Dieu. Il y a, plus près de nous, Gandhi, apôtre violent de la non-violence, petit homme de l'Inde, fragile, à moitié nu, mais déterminé dans sa foi en la liberté de l'homme et l'indépendance de son pays. Il fut redouté par les forces d'occupation britanniques.

Martin Luther King, ce noir américain, lui aussi apôtre de la non-violence qui rêvait, jour et nuit, d'un monde de liberté et de justice où tous les hommes, noirs ou blancs, vivraient en frères. Ses idées firent trembler le pouvoir blanc.

Et encore ce juif palestinien, Jésus de Nazareth, prophète isolé « qui n'avait pas de pierre où reposer la tête » mais qui rêvait de la libération des cœurs et des esprits, et qui proposait comme vrai Dieu, un Père. Face aux comportements de ses prophètes, les « désordres » établis se sentirent menacés ; tous ces rêveurs, et bien d'autres encore, sont morts assassinés.

Curieux pour des rêveurs ? Dieu aurait-il un rapport avec ces gens-là ? Alors drôle de Dieu que celui-ci ! Dangereux d'inventer un Dieu comme celui-là ! Je mesure bien le décalage entre ce que je suis et ce qu'ils ont été ; et pourtant s'ils croyaient en Dieu, leur Dieu serait un peu le mien !

Inutile de dire que cette foi me rend souvent insatisfait, me fait peur parfois, elle me fait participer aussi à quelques moments de bonheur lorsque deux où trois se réunissent pour changer le monde, lorsque le rêve de fraternité devient réalité pendant un moment ou que deux ou trois se sont mis debout pour résister à l'oppression, parce qu'enfin l'homme s'avance dans son humanité, et qu'il devient peu à peu ce Fils de Dieu d'amour et de fragilité.

Et enfin pour répondre à la question : Où est ton Dieu ? posée déjà dans la complainte du psalmiste exilé en terre étrangère, je voudrais proposer la réponse d'un autre poète mystique contemporain, une femme remarquable, assistante sociale à Ivry : Madeleine Delbrêl :

En réalité… mes frères…

« Quand on sait ce que nous sommes,
il serait ridicule,
vraiment,
de n'avoir pas dans notre amour un peu d'humour,
car nous sommes d'assez comiques personnages,
mais mal disposés à rire de notre propre bouffonnerie. »

Madeleine Delbrêl
Dans *Humour dans l'amour*
Éditions *Nouvelle Cité,* avril 2005

Amis lecteurs, c'est sur cette phrase pleine de bon sens que je pense terminer ce livre. Peut-être que certains me diront : « On n'a pas tout compris. » Qu'ils se rassurent, moi non plus ! Pourtant j'ai l'impression qu'avec ce livre une trace pourrait rester dans les mémoires en recherche de sens.

Le voyage continue… même en retraite, il délivrera son sens ultime lorsque tout sera achevé. Pour le moment, il me reste encore beaucoup à faire… !

Jean-Michel VERSTRAETE

Bibliographie

Histoire des prêtres ouvriers

Prêtre-ouvrier insoumis, J.-M. Huret, Paris, éditions du Cerf, 1993.

Laurent ou l'itinéraire d'un prêtre ouvrier, M. Lémonon, Paris, éditions Karthala, 2000.

Prêtres ouvriers, 50 ans d'histoire et de combats, R. Poterie - L. Jeusselin, Paris, éditions L'Harmattan, 2001.

Prêtres et ouvriers, une double fidélité mise à l'épreuve 1944-1969, C. Suaud - N. Viet-Depaule (coll. *Signes des temps*), Paris, éditions Karthala, 2004.

Toujours debout (témoignage), R. Lelièvre, Nice, éditions Bénévent, 2007.

Prêtre ouvrier, itinéraire d'un ancien Jociste, P. Valet (coll. *Signes des temps*), Paris, éditions Karthala, 2008.

La Mission de France

La Mission de France, repères historiques 1941-2002, site Internet de la Mission de France.

Aujourd'hui la Mission de France. L'espérance infatiguée de l'Évangile, P. Gerbé et Y. Daniel, Paris, éditions le Centurion, 1981.

Le cardinal Suhard, l'évêque du renouveau missionnaire : 1874 – 1949, J. Vinatier, Paris, éditions Le Centurion, 1983.

Le père Louis Augros, premier Supérieur de la Mission de France, J. Vinatier, Paris, éditions du Cerf, 1991.

Des Chrétiens dans la guerre d'Algérie. L'action de la Mission de France, S. Chapeu, Paris, éditions de l'Atelier, 2004.

Une histoire de la Mission de France

Une histoire de la Mission de France. La riposte missionnaire, 1941-2002, T. Cavalin – N. Viet-Depaule, Paris, éditions Karthala, 2007.

Les chrétiens et la Classe ouvrière

Histoire du Mouvement Ouvrier français, J. BRON, Paris, éditions Ouvrières, 1968-.

- Tome 1, *Le droit à l'existence. Du début de XIXe siècle à 1884,* Paris, éditions Ouvrières, 1968.
- Tome 2, *La contestation du capitalisme par les travailleurs organisés (1884-1950),* Paris, éditions Ouvrières, 1970.
- Tome 3, *La lutte des classes aujourd'hui (1950-1972),* Paris, éditions Ouvrières, 1973.

Les marxistes et l'évolution du monde catholique, R. LEROY, A. CASANOVA, A. MOINE, Paris, éditions Sociales, 1972.

1936... Les catholiques et le Front Populaire, P. CHRISTOPHE, Paris, éditions Desclée, 1986.

Les laïcs dans l'Église de France (XIXe - XXe siècle), P. PIERRARD, Paris, éditions Ouvrières, 1988.

1939-1940, les catholiques devant la guerre, P. CHRISTOPHE, Paris, éditions Ouvrières, 1989.

Stratégies catholiques en Monde ouvrier dans la France d'après guerre, R. WATTEBLED, Paris, éditions Ouvrières, 1990.

L'Église de France dans la Révolution de 1848, P. CHRISTOPHE, Paris, éditions du Cerf, 1998.

La question perdue, J.-M. HURET, Paris, éditions Desclée de Brouwer, 1998.

Table des matières

Cet ouvrage a été composé
par : Ateliers des Dominicaines
91025 ÉVRY Cedex (Essonnes)

Imprimé en France par
L'imprimerie Darantiere en mars 2011

Dépôt légal : avril 2011
N° d'imprimeur : 11-0391